A mes petites-filles : Zoé, Mia et Lucie

Du même auteur

Dictionnaire de l'anglais des métiers du tourisme, Pocket, Paris, 1995

Cours de pratique du français oral, Messeiller, Neuchâtel, 1996

Dictionnaire du Rugby: français-anglais, anglais-français, La Maison du dictionnaire, Paris, 1998

Dictionnaire explicatif des verbes français, La Maison du dictionnaire, Paris, 1998

Le Village magique, roman, Les Iles futures, Pully, 2001

Les Roses du château, nouvelles, Les Iles futures, Pully, 2004

Pratique de la conjugaison expliquée, Voxlingua, Leysin, 2006

Comment écrire une composition : 50 modèles pour apprendre à structurer un texte, Voxlingua, 2006

Explanatory Dictionary of Spanish verbs, Voxlingua, 2006

Práctica de la conjugación española, Voxlingua, 2006

Le Don du pardon, pièce de théâtre, Voxlingua, 2006

Voyage au pays des couleurs, conte, Voxlingua, 2008

Anthologie de théorie littéraire : du classicisme au surréalisme, Voxlingua, 2009

Anthologie de poésie française, Voxlingua, 2009

Marée blanche à Biarritz, roman, Voxlingua, 2013

Fatwa, roman, Bibracte, 2019

Bertrand HOURCADE

Comment étudier

Méthodes pédagogiques et astuces didactiques

© 2019, Bertrand Hourcade

Edition : Books on Demand,
12/14 rond-Point des Champs-Elysées, 75008 Paris
Impression : BoD – Books on Demand, Norderstedt, Allemagne
ISBN : 9782322082735
Dépôt légal : août 2019

Introduction

Chaque élève qui veut peut.
S'il a de bons professeurs, chaque élève peut.
S'il a un esprit logique et méthodologique, chaque élève peut.
S'il est exposé à de bonnes méthodes, chaque élève peut.

Chaque élève peut quoi ? Bien évidemment, il peut réussir dans ses études. Les laissés-pour-compte, les réveille-tard, les fatalistes découragés doivent reprendre confiance.

Combien ai-je vu d'élèves, au retour des vacances d'été, qui amorçaient un changement soudain dans leur attitude et leur envie d'apprendre ! Il suffit de peu pour motiver quelqu'un : un livre, un professeur, une explication, une rencontre, une épreuve, une nouvelle perspective et le miracle peut surgir au détour du chemin.

L'espoir de l'auteur est que ce livre soit un viatique pour élèves découragés. L'ouvrage ne s'adresse pas à un âge spécifique, ni à un niveau spécifique, ni à une classe spécifique. Il s'adresse à tous ceux qui, entre les âges de 12 et 18 ans, ont besoin de logique, de repères, de systèmes, de méthodes.

Ce livre, qui en surprendra plus d'un par le mélange en apparence singulier de méthodes différentes, se veut une aide pour tous ceux qui ont un déficit de méthodologie. Ainsi, ils pourront, au gré des pages, chercher ce qui leur fait défaut et assimiler les ingrédients proposés ici, accumulés et testés sur 45 ans d'enseignement des langues et littératures.

Tout part d'un simple constat : dans le domaine intellectuel, la logique méthodologique règne. Qui veut donc réussir sa scolarité ne peut faire sans un minimum d'apprentissage structuré et logique. Pour cela, dans la plupart des situations, il est nécessaire de procéder à partir d'un plan préétabli.

Cet ouvrage fait une place de choix aux deux parties principales que sont l'écrit et l'oral. Si l'écrit est souvent privilégié, peut-être est-ce parce que l'oral prend beaucoup de temps sur le temps d'enseignement à l'inverse de l'écrit qui peut se faire à la maison ou en classe mais dans une même séquence temporelle pour toute la classe. Pour remédier à cela, une partie de cet ouvrage est consacrée à des méthodes d'apprentissage oral.

La partie sur l'écrit se concentre ici sur l'écriture d'un texte au niveau de la simple rédaction (école primaire), de la composition (collège) et de la dissertation (lycée) ainsi que sur l'explication de texte écrite alors que la partie sur l'oral explique comment parler en public sans lire, comment présenter une explication de texte orale et enfin un exposé oral.

Le souci principal de l'auteur a été de présenter les choses avec le maximum de clarté. Car, comme l'a écrit Boileau :

Ce qui se conçoit bien s'énonce clairement
Et les mots pour le dire arrivent aisément.

Fort de cette clarté qui propulse l'évidence, l'élève qui fournit l'effort intellectuel nécessaire pour asseoir sa prise de connaissance atteindra alors le stade où

La liberté est le fruit de la discipline.

A   LES OUTILS

Les outils

Un bon ouvrier a de bons outils. Il en est de même pour les élèves et les étudiants.

La panoplie des outils de l'élève :

1. **les surligneurs** : les outils qui servent à éclairer le texte

2. **les trombones** : les meilleurs marque-pages: jamais perdus, toujours fidèles au bon endroit

3. **le classeur à trous** : l'outil nécessaire pour être et rester organisé et méthodique

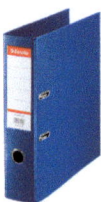

4. **l'effaceur** : l'outil idéal pour rester toujours propre et lisible

5. **le crayon avec gomme et le stylo** (encre noire ou bleue) : les indispensables

Les surligneurs

Les surligneurs sont les feux de circulation d'un texte.

Leur couleur a une fonction symbolique.

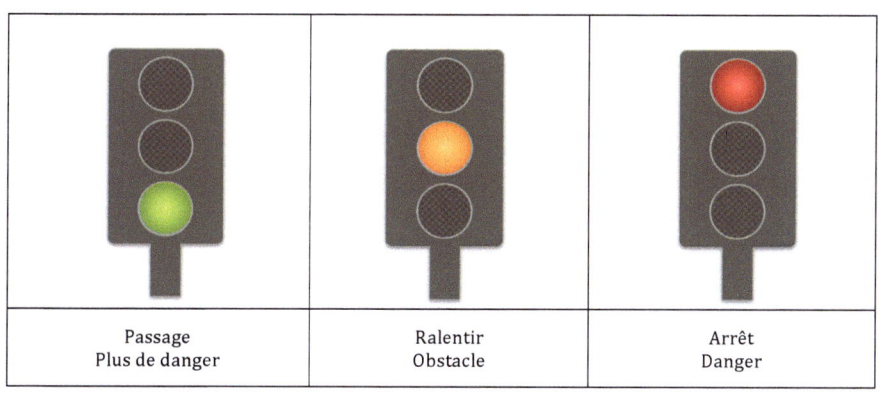

= =

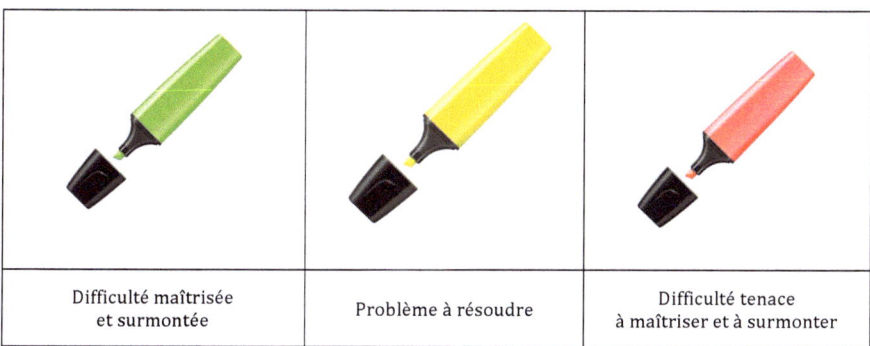

L'utilisation de ce code de couleurs est particulièrement pertinent et efficace lors de la première lecture d'un texte lorsqu'il s'agir de repérer (en marquant en jaune) les mots, expressions ou phrases dont le sens est obscur ou de marquer en rouge les passages vraiment difficiles et importants.

Voir pages 27-28 pour l'application du code pour mémoriser une liste de vocabulaire.

Les couleurs

J'écris avec un stylo, je lis avec un stabilo.

> L'utilisation des couleurs est un aspect majeur de l'organisation des idées.
> Elle est censée éclairer l'esprit dans un premier temps et aider la mémoire ensuite.
> Les couleurs servent à déchiffrer un texte, à marquer un code, à mettre en évidence toute difficulté.

Code de couleurs

Le code de couleurs comporte trois couleurs principales qui sont les mêmes que celles des feux de circulation routière (rouge / jaune / vert) et ont une signification symbolique :

Le rouge — **difficulté tenace à maîtriser et à surmonter**
S'utilise pour marquer toute notion résistant à la compréhension, à l'assimilation ou à la mémorisation de l'apprenant.

Action : Organiser un système clair et facile de :
- mémorisation mnémotechnique pour les ambiguïtés (stalactite / stalagmite) **cf. pp. 50-51**
- fiches explicatives clarifiées et complètes (faux-amis, etc.) **cf. pp. 53-54**

Le jaune — **problème à résoudre**
S'utilise pour marquer tout ce qu'on ne comprend pas ou qu'on ne connaît pas à la première lecture : ce peuvent être des **mots** (aussi des **expressions** ou des **phrases**).

Action : chercher au dictionnaire les mots inconnus en jaune et écrire leur sens près du mot. Cette recherche se fera mieux une fois le texte lu en entier.

Manière : créer des listes spéciales des mots récalcitrants.
Afficher ces listes dans des endroits où l'oeil se pose souvent ou longtemps.

Le vert — **difficulté maîtrisée et surmontée**
On marque le vert par-dessus le jaune, dès que l'on a compris et assimilé une difficulté.
(On peut passer un surligneur vert sur le jaune, ce qui donne du vert ou un surligneur bleu sur le jaune, ce qui donne aussi du vert.)

Lecture de texte

Le code de couleurs marqué à la première lecture de tout texte permet un repérage immédiat des difficultés ; il évite souvent une relecture complète du texte ainsi marqué. Des jours, des semaines, des mois plus tard, un texte bien marqué permet de retrouver :
- le vocabulaire difficile (à la première lecture) marqué en jaune ou en vert si assimilé depuis
- les thèmes majeurs marqués en bleu (ou une autre couleur)
- les aspects (ou passages) importants ou difficiles marqués en rouge

Le code de couleur choisi pour déchiffrer les textes doit rester le même d'un texte à l'autre, et idéalement ne pas changer. Ce système de couleurs pour travailler un texte est tout aussi efficace sur un texte en langue étrangère. Il peut s'appliquer à presque toutes les matières scolaires.

Le plan

Le plan est l'outil le plus important que possède l'élève pour structurer tout texte.

Tout texte écrit doit suivre un plan. L'élève doit imaginer et penser son plan avant la rédaction de son texte. Un même sujet de composition peut suivre généralement divers types de plans selon la perspective que compte lui donner l'élève. Le choix définitif du plan sera fonction de l'impression que l'on veut créer sur le lecteur.

La disposition des éléments ou des idées du texte doit se faire selon une logique qui deviendra le plan.

Le choix du plan

Sujet: un voyage d'études à Paris

Liste alphabétique des activités du voyage à Paris à utiliser dans la composition:

1 Boîte de nuit	6 Palais de Versailles
2 Champs-Élysées	7 Restaurants
3 Croisière sur la Seine	8 Shopping
4 Eurodisney	9 Tour de Paris en bus
5 Monuments de Paris	

L'élève peut adopter un classement des activités du voyage selon plusieurs logiques comme les quatre suivantes :

Plan sommaire

Logique Chronologique Progressive	Logique Classificatrice Par thème	Logique Évolutive Ascendante	Logique Évolutive Descendante
Jeudi	Culturel	Peu intéressant	Vaut le voyage
Vendredi	Exotique	Assez intéressant	Mérite le détour
Samedi	Récréatif	Très intéressant	Intéressant
Dimanche		Fantastique	Sans intérêt

Chacun de ces plans met l'accent sur un aspect du voyage qui en donne le **ton**. En effet, choisir un type de plan – lorsque cela est possible –, c'est laisser parler sa personnalité et donner à la composition une perspective spéciale

Ton officiel du plan chronologique: si l'on veut mettre en évidence le déroulement du voyage et l'organisation de celui-ci, le plan chronologique est certainement le plus approprié.

Ton professionnel du plan classification par thème: si l'on veut montrer que le voyage a été surtout d'ordre éducatif et culturel, ce plan correspond bien à une telle approche.

Ton personnel du plan évolutif: si l'on fait le bilan du voyage, le plan progressif ascendant ou descendant se prête à une analyse qualitative du voyage.

…/…

L'élève a donc le choix de décider selon quel point de vue il veut présenter le voyage à Paris. Il lui incombe de choisir le plan.

Plan détaillé

Plan chronologique progressif	Plan classification Par thème	Plan évolutif Ascendant	Plan évolutif descendant
1 jeudi: arrivée restaurant français boîte de nuit	1 culturel: palais de Versailles tour en bus Notre Dame	1 peu intéressant: palais de Versailles	1 vaut le voyage: shopping boîte de nuit croisière
2 vendredi: matin: tour en bus soir: libre boîte de nuit	2 exotique: Eurodisney croisière	2 assez intéressant: Eurodisney restaurant espagnol boîte de nuit	2 mérite le détour Versailles Notre-Dame Champs-Élysées
3 samedi: matin : Eurodisney après-midi: libre soir: croisière	3 récréatif: boîtes de nuit restaurant tunisien shopping	3 très intéressant: Champs-Élysées Notre-Dame tour de Paris en bus	3 intéressant: restaurant iranien tour en bus
4 dimanche: Notre-Dame retour		4 fantastique: shopping croisière	4 sans intérêt: Eurodisney

A titre d'exemple, voici à quoi pourrait ressembler le plan d'un élève qui aimerait analyser le voyage à Paris sous l'aspect positif et sous l'aspect négatif (le pour et le contre du voyage):

Introduction: après avoir étudié le français pendant 4 ans, je pars avec ma classe en voyage d'étude en France pour visiter la capitale française.

Développement :
A Le contre du voyage à Paris
I   la visite à Eurodisney qui n'est pas représentative de la culture française
II   les restaurants non-français qui n'apportent aucune perspective sur la gastronomie française.

B Le pour du voyage à Paris
I   l'aspect culturel avec le tour des monuments célèbres
II   le côté artistique avec la visite des musées
III   l'atmosphère typiquement française dans les rues, les boîtes de nuit

Conclusion: en dépit de quelques réserves mineures sur les activités non directement rattachées à la culture française, ce voyage a été un franc succès.

B Comment …

Comment coder un texte par les couleurs à la 1ᵉ lecture

> Lors de la lecture d'un texte, l'esprit veut suivre le cheminement de pensée de l'auteur et rechigne à s'arrêter sur les difficultés rencontrées en route.
> Le moyen le plus efficace est alors de lire en marquant au surligneur ==jaune== tout mot inconnu.
> Puis, il convient de rechercher ces mots au dictionnaire et de marquer dans la page où ils apparaissent les définitions trouvées.
> Les recherches de mots se font avec le maximum d'efficacité à la fin des chapitres ou des sous-chapitres. Ceci permet d'une part d'augmenter son vocabulaire et d'autre part de travailler son texte avec facilité.

Code : ==Mot inconnu ou expression difficile==

La Suisse

La Suisse est un pays très original, une ==île== au centre de l'Europe. Elle apparaît depuis longtemps comme le pays idéal. Par ses traditions, ses villes et ses défis, on peut découvrir un pays complexe et unique. Au 21ᵉ siècle, la Suisse changera-t-elle ou restera-t-elle l'image ==immuable== d'un pays sain et tranquille ?

La Suisse est un petit pays très éclectique : elle a environ 8 millions d'habitants et se divise en 26 ==cantons==. Elle possède 4 langues nationales (allemand, français, italien, romanche) et inclut une grande proportion d'étrangers, ce qui en fait un pays multiculturel. Par ailleurs, son système politique est un modèle de stabilité démocratique. C'est aussi le pays des ==clichés== célèbres des lacs et des montagnes, du fromage et du chocolat, des montres et des banques. Enfin, la Suisse est le pays de traditions ancestrales à l'image des Alpes éternelles.

Les villes suisses sont très internationales et de grands centres d'affaires : en ==Suisse romande==, Genève avec la Croix-Rouge et les Nations Unies, Lausanne avec le ==CIO== et Montreux avec ses nombreux festivals attirent de nombreux visiteurs. ==En Suisse alémanique==, Bâle et Zürich sont deux centres économiques et financiers majeurs du pays. Il est donc évident que les villes suisses projettent une image de la modernité de la Suisse.

Cependant, la Suisse n'est pas exempte de problèmes : depuis quelques années, les choses changent avec les problèmes de l'immigration des travailleurs étrangers, la pollution de l'environnement, la permanence de la crise mondiale et la pression de l'Union Européenne dans plusieurs domaines. La Suisse doit donc se battre pour rester un pays important et pour exister.

Ainsi, la Suisse semble ne plus être le pays de toutes les vertus ni le modèle autrefois tant envié. Isolée au milieu de ==l'océan européen==, le pays est-il capable de continuer à maîtriser son avenir ? Ce petit pays semble ==être à la croisée des chemins== et l'on peut se demander vers quel nouvel horizon la Suisse doit se tourner pour faire face aux changements rapides de notre monde. L'adhésion à l'Europe ne serait-elle peut-être pas la réponse à certaines de ces interrogations ?

> Commentaire :
> Outre le codage des mots inconnus, cette lecture marque aussi des mots connus mais utilisés dans un sens métaphorique, ce qui peut obscurcir leur sens (île, océan), et aussi des expressions (être à la croisée des chemins).

Comment coder un texte par les couleurs sur 2 lectures

La première lecture est dévolue à la recherche lexicale : les mots inconnus seront marqués en jaune.

Dans une deuxième lecture, on codera les thèmes du texte. On peut aussi décider de coder d'autres aspects du texte comme les sous-thèmes, les idées, etc. On réservera le rouge pour les choses très difficiles ou très importantes. Ainsi codé, le texte présente un repérage immédiat des difficultés.

Des semaines, des mois, voire des années plus tard, un texte bien marqué permet à celui qui l'a codé un travail minimal pour retrouver :

1. le vocabulaire difficile (à l'époque de la première lecture) marqué en jaune
2. les thèmes majeurs marqués en bleu
3. les aspects (ou passages) importants ou très difficiles marqués en rouge

Le code de couleur choisi pour déchiffrer les textes doit rester le même d'un texte à l'autre, et idéalement ne pas changer.

Ce système de couleurs pour travailler un texte est tout aussi efficace sur un texte en langue étrangère qu'en langue maternelle. Il peut donc s'appliquer à presque toutes les matières scolaires.

TEXTE CODÉ

Sujet: Les raisons de la violence dans la société occidentale

Il y a plusieurs raisons pour lesquelles la violence règne aujourd'hui dans nos sociétés occidentales. Tout d'abord, la grande liberté de nos démocraties contribue en partie à la création des problèmes qui les minent : les régimes totalitaires font de notre monde occidental le champ privilégié de leur violence terroriste provoquant des crises internationales et d'horribles drames humains. A un autre niveau, l'acquisition des armes est devenue tellement simple que quiconque peut acheter une arme à feu sans difficulté, ce qui est la cause de nombreuses tragédies familiales. Ensuite il y a une certaine complaisance des pouvoirs publics qui, soit par laxisme, soit par intérêt partisan, laissent parfois des foyers de tension se propager sans intervenir afin de mobiliser l'opinion publique dans un sens ou dans l'autre. Enfin, une autre raison dérive de la crise économique qui engendre une grande pauvreté qui se répand comme une traînée de poudre avec son cortège de problèmes et notamment l'insécurité qu'elle provoque au niveau social. Pour toutes ces raisons, la pauvreté dans nos sociétés, cette absurdité désignée sous le nom de quart-monde, est en augmentation constante de même que la violence qui la suit dans son sillage et qui prend toutes sortes de formes dont la plus inquiétante est sans doute la violence gratuite dont l'assouvissement n'est jamais satisfait.

Comment écrire une lettre : erreur dans le bulletin

L'intérêt de cette lettre réside dans la correspondance entre le plan préalable et le corps de la lettre

ERREUR DE NOTE DANS LE BULLETIN

Vous écrivez une lettre à la Directrice du Gymnase de Burier au sujet de votre bulletin de notes.
1. Vous avez remarqué une erreur dans une note du bulletin
2. Vous avez besoin du bulletin corrigé de toute urgence pour une raison de votre choix
3. Vous avez 2 adresses dont une temporaire de telle à telle date

PLAN DE LA LETTRE

Paragraphe 1	**introduction à la lettre** * Présentation de soi et fonction actuelle * But de la lettre
Paragraphe 2	**détails du problème** * détails de l'erreur * vérification avec le professeur
Paragraphe 3	**requête particulière** * urgence * deuxième adresse temporaire

Leysin, le 15 janvier 2018

Concerne : erreur dans le bulletin de note de Yves Bresson, élève de 1D1

Madame la Directrice :

* C'est en tant qu'élève au Gymnase de Burier dans la classe 1D1 que je vous contacte par la présente. * Je vous écris au sujet de mon bulletin de notes de janvier 2012.

* En effet, j'ai remarqué une erreur dans le bulletin où ma note de français est 4, alors que, * avec mon maître de français, j'avais calculé une moyenne de 4,5. J'ai donc contacté mon maitre de français M. Jaquemet qui, après avoir reconnu cette erreur de transcription, m'a assuré qu'il allait vous contacter à ce sujet pour corriger officiellement cette note.

*Comme je dois joindre mon bulletin de notes à mon dossier de postulation de stage à envoyer avant la fin du mois de janvier, je vous demande d'agir avec diligence pour que je puisse respecter ce délai. * A ce sujet, je vous précise qu'entre le 2 et le 6 janvier 2012, je serai à l'adresse suivante :

M. Yves Bourras
Rue du Chalet
1854 - Leysin

Dans l'espoir que vous pourrez agir au plus vite, veuillez agréer, Madame la Directrice, l'expression de mes sentiments distingués.

Comment écrire une lettre : réservation de restaurant

L'intérêt de cette lettre réside dans la correspondance entre le plan préalable et le corps de la lettre

DEMANDE DE RENSEIGNEMENTS

Vous êtes conseiller de classe et vous êtes chargé d'organiser le repas de fin d'année dans un restaurant.

PLAN DE LA LETTRE

Paragraphe 1 — **introduction à la lettre**
* Présentation de soi et fonction actuelle
* But de la lettre

Paragraphe 2 — **détails spécifiques**
* Nombre de personnes
* Budget par personne
* Type de menu
* Menus spéciaux
* Problème des boissons
* Date et heure (2 options)
* Type de salle

Paragraphe 3 — **conclusion à la lettre avant la formule de politesse**
* réaction à la demande
* Demande d'offre
* Précision du délai de réponse
* Évocation d'une rencontre éventuelle

Leysin, le 15 mai 2018

Madame / Monsieur :

C'est en tant que * conseiller de la classe 2D1 au Gymnase de Burier que je vous contacte par la présente. En effet, je suis * chargé d'organiser un repas de fin d'année que nous aimerions faire dans votre établissement.

Nous sommes * 23 personnes et disposons d'un * budget de CHF 30 par tête. Pourriez-vous nous faire une proposition de * menu comprenant hors-d'œuvre, plat principal et dessert ? Je tiens à préciser qu'il y a parmi nous * 3 végétariens. * De plus, je vous signale que * les boissons ne sont pas comprises dans le budget et seront réglées individuellement. Nous aimerions venir le * vendredi 22 juin à partir de 19h00. En cas d'impossibilité pour cette date, nous pourrions venir le vendredi 29 juin. Enfin, nous aimerions savoir s'il est possible d'être reçus dans une * salle privée.

* Pouvez-vous nous recevoir à l'une des deux dates indiquées ? Dans l'affirmative, je vous demande de me soumettre * une offre aussi détaillée que possible pour le * 31 courant. Si nous trouvons un terrain d'entente, je ferai une réservation définitive et * passerai au restaurant pour régler les derniers détails.

Veuillez agréer, Madame / Monsieur, l'expression de mes sentiments distingués.

Comment étudier les figures de style avec exemples

> Les figures de style font parfois peur. Certaines sont faciles car le mot les désignant est transparent : accumulation, antithèse, comparaison, gradation ou personnification, etc. Mais que faire avec les mots anacoluthe, anaphore, chiasme, hypallage, litote, métonymie, etc. ?
>
> Pour fixer le sens des figures de style et maîtriser ce domaine, **il faut associer la définition à un exemple ultra clair de cette définition**. La plupart des exemples ci-dessous sont très connus.

Accumulation
Enumération des différentes composantes d'un tout produisant un effet de désordre ou d'excès
Nous étions entourés de fougères arborescentes, de fleurs velues, de
parfums charnus, d'humus glauque   Cendrars

Allégorie   *Représentation d'une idée, d'une abstraction*
France, mère des arts, des armes et des lois
Tu m'as nourri longtemps du lait de ta mamelle   Du Bellay

Allitération   *Répétition d'une consonne ou d'un groupe de consonnes, dans le même vers, produisant un effet d'harmonie imitative ou suggestive*
Envole-toi bien loin de ces miasmes morbides   Baudelaire
Ce murmure d'amour élevé sur ses pas   Arvers
La girouette en deuil criait au firmament   Vigny
Pour qui sont ces serpents qui sifflent sur vos têtes   Racine

Anacoluthe   *Rupture de construction syntaxique*
Le nez de Cléopâtre, s'il eût été plus court, la face du monde aurait changé   Pascal

Anaphore   *Répétition d'un mot ou d'un groupe de mots en tête de vers*
Je n'écris point d'amour, n'étant point amoureux,
Je n'écris de beauté, n'ayant belle maîtresse,
Je n'écris de douceur, n'éprouvant que rudesse, …   Du Bellay

Antithèse
Opposition de deux mots ou de deux idées que l'on rapproche pour mieux les contraster
Je vis, je meurs   Louise Labé
Car le jeune homme est beau, mais le vieillard est grand   Hugo

Comparaison
Rapprochement de deux (groupes de) mots pour en mieux voir les ressemblances (ou différences)
Quand le ciel bas et lourd pèse comme un couvercle   Baudelaire
Le poète est semblable au prince des nuées   Baudelaire

Euphémisme   *Expression atténuée d'une notion dont l'expression directe aurait quelque chose de déplaisant, de choquant*
Elle a vécu, Myrto, la jeune Tarentine   Chénier

Gradation
Enumération de mots ou de groupes de mots destinée à créer une montée d'intensité
…va, cours, vole et nous venge   Corneille

…/…

L'ombre croît, le jour meurt, tout s'efface et tout fuit   Lamartine

Hiatus
Rencontre de deux voyelles appartenant à des syllabes différentes, à l'intérieur d'un mot *(hiatus interne)* ou dans la succession de deux mots *(hiatus transitoire).*
> Le mot **hiatus** renferme lui-même un hiatus (rencontre de i et a). C'est l'exemple à retenir.

Litote
Atténuation d'une idée, d'une expression qui, par là même, suggère davantage
Va, je ne te hais point   Corneille
> La **litote** utilise une double négation, exprimant ainsi le contraire de ce que les mots semblent dire.

Métaphore   *Comparaison sans outil de comparaison, la métaphore établit une assimilation entre deux termes*
Les Fleurs du mal   Baudelaire
L'homme est un roseau   Pascal
Ma jeunesse ne fut qu'un ténébreux orage   Baudelaire

Oxymore   *Réunion de deux termes de sens contraire*
Cette obscure clarté qui tombe des étoiles   Corneille
Le soleil noir de la mélancolie   Nerval

Métonymie   *Métaphore qui remplace un mot par un autre, ces deux mots entretenant une relation évidente qui peut être celle de l'objet et sa matière, du produit et son origine, du contenu et du contenant, ...*
Mon bras, qu'avec respect toute l'Espagne admire,
Mon bras, qui tant de fois a sauvé cet empire,...   Corneille
Rodrigue, as-tu du cœur ?   Corneille

Périphrase
Expression d'une notion par un groupe de mots décrivant et précisant son sens sans la nommer
Le vaste Oiseau (= le Condor)   Leconte de Liste
Demain, dès l'aube, à l'heure où blanchit la campagne   Hugo
> La **périphrase** peut se comparer à une devinette. Ex. Quelle est la Ville Lumière ? (Paris)

Personnification
Représentation d'un objet, d'une chose, d'un animal sous les traits humains
Les nuages couraient sur la lune enflammée   Vigny
Ô temps, suspends ton vol !   Lamartine

Prétérition
Déclaration de ne pas vouloir parler de quelque chose, tout en en parlant par ce biais
Je ne vous ferai point le tableau, Messieurs, de ses allures bizarres, ...   Maupassant

Synecdoque   *Métaphore qui désigne un objet par une partie pour le tout*
L'œil était dans la tombe et regardait Caïn   Hugo
Ni les voiles au loin descendant vers Harfleur   Hugo
> Le mot **synecdoque** inclut les lettres yn (= in qui veut dire **dans**) comme la partie qui est **dans** le tout.

Comment faire une introduction orale et écrite

La difficulté à rédiger une bonne introduction est légendaire.
Voici quelques exemples à éviter et d'autres à imiter.

Sujet : mes dernières vacances d'été

INTRODUCTION en 3 parties :	1 annonce du thème 2 annonce de l'idée 3 annonce du développement

A INTRODUCTION ORALE I

MODÈLE I (à éviter absolument)

1	Je vais vous parler de mes dernières vacances d'été à Biarritz sur la Côte basque.
2	Je vous dirai combien de temps j'y suis resté et combien je m'y suis bien amusé.
3	Je parlerai de 3 thèmes : le charme de cette région, puis les gens et enfin… Sylvie.

Commentaire :   1 Le lien entre auditoire et orateur est beaucoup trop apparent et appuyé.
2 Cette introduction orale est trop rigide et manque de naturel.

MODÈLE II (à éviter de préférence)

1	L'objet de mon intervention concerne mes dernières vacances d'été sur la Côte basque.
2	J'y suis resté tout le mois d'août et je m'y suis bien amusé.
3	J'ai particulièrement apprécié le charme de cette région, les gens et enfin Sylvie.

Commentaire : cette introduction est plus subtile que la précédente mais toujours un peu lourde.

MODÈLE III (à imiter)

1	J'adore la mer et, l'an dernier, j'ai passé mes vacances d'été sur la Côte basque.
2	Je m'y suis terriblement amusé pendant le mois d'août
3	et j'ai particulièrement apprécié le charme du Pays basque, les gens et Sylvie.

Commentaire :   1 Le début présente une généralisation suivie du thème spécifique à traiter.
2 L'idée est annoncée directement.
3 Les thèmes sont en continuation de l'idée et annoncés clairement.

B INTRODUCTION ÉCRITE (à imiter ; voir pp. 108-109)

1	Durant mes dernières vacances d'été, je suis parti sur la Côte basque, à Biarritz.
2	Pendant le mois d'août entier, je m'y suis terriblement bien amusé,
3	grâce au charme de cette région, aux gens que j'ai rencontrés et surtout à … Sylvie.

Commentaire :   1 Il n'y aucun lien entre le lecteur et l'écrivain, ce qui donne un air de légèreté
et de fluidité dès le début du texte.
2 Les thèmes font partie de l'idée développée dans la phrase.

Comment faire une recherche grammaticale par le code de couleurs

> A quoi peut bien servir une recherche grammaticale ? Elle indique certains traits du style de l'auteur et indique, aussi, des notions clés quant au contenu de l'œuvre (thèmes, etc.). Cf. p. 40

Le code **rouge** indique les sujets des verbes qui sont très souvent les thèmes majeurs du texte.

<u>Sujet : Que pensez-vous de la solitude ?</u>

La **solitude**, cet inévitable compagnon de l'être humain qui peut l'accompagner à différents moments de sa vie, la solitude est-elle un fléau à fuir comme la peste ou est-elle un bienfait salutaire à l'équilibre de l'homme ? En ce qui me concerne, **je** n'ai pas vécu une vie entière pour en avoir longtemps goûté la présence. Certes, **je** l'ai vécue dans des **moments pénibles** mais qui n'ont jamais été très longs. Il me semblait qu'alors, le **monde** se retirait comme la marée descendante, sans possibilité de le retenir. Le **sentiment** de se trouver seul devant soi, devant sa vie, la **possibilité** de se poser des questions que le **train-train** confortable du quotidien anesthésie complètement, tout cela a un côté à la fois excitant et effrayant. Pour ma part, **j'**ai su en tirer profit et rebondir après ces passages dans le désert. **Je** pourrais donc dire que la **solitude** m'a été salutaire et bénéfique. Cependant, **je** connais beaucoup d'autres personnes, et notamment des **personnes âgées**, qui vivent la solitude au quotidien, sans espoir réel de pouvoir un jour s'en débarrasser. **Elle** est vécue comme une hantise pour les gens du troisième âge. Et c'est un fait qu'en y réfléchissant bien, **la fin de la vie** est une période bien triste pour beaucoup d'entre nous. Il me semble donc qu'il y a un temps pour tout, un temps où l'on puisse tirer profit de la solitude et un temps où on la subit plutôt. La **sagesse** semblerait indiquer à chacun de trouver des intérêts ou des passe-temps assez prenants pour pouvoir au moins en atténuer l'influence et ne pas être totalement soumis à son emprise. Ainsi peut-être est-il possible de faire de la solitude une compagne ?

Comment faire une recherche temporelle par le code de couleurs

> A quoi peut bien servir une recherche temporelle ? Elle indique certains traits du style de l'auteur et indique, aussi, la lignée du temps où se déroulent l'action du passage. Cf. p. 40

Le code **rouge** indique les temps du présent, le **bleu**, les temps du passé, le **vert**, le conditionnel.

Le code indique les différents temps du texte et donne une bonne idée temporelle de l'action.

Sujet : Que pensez-vous de la solitude ?

La solitude, cet inévitable compagnon de l'être humain qui **peut** l'accompagner à différents moments de sa vie, la solitude **est**-elle un fléau à fuir comme la peste ou est-elle un bienfait salutaire à l'équilibre de l'homme ? En ce qui me concerne, je **n'ai pas vécu** une vie entière pour en avoir longtemps goûté la présence. Certes, je l'**ai vécue** dans des moments pénibles mais qui **n'ont jamais été** très longs. Il me **semblait** qu'alors, le monde **se retirait** comme la marée descendante, sans possibilité de le retenir. Le sentiment de se trouver seul devant soi, devant sa vie, la possibilité de se poser des questions que le train-train confortable du quotidien **anesthésie** complètement, tout cela **a** un côté à la fois excitant et effrayant. Pour ma part, **j'ai su** en tirer profit et rebondir après ces passages dans le désert. Je **pourrais** donc dire que la solitude m'a été salutaire et bénéfique. Cependant, je **connais** beaucoup d'autres personnes, et notamment des personnes âgées, qui **vivent** la solitude au quotidien, sans espoir réel de pouvoir un jour s'en débarrasser. Elle **est vécue** comme une hantise pour les gens du troisième âge. Et c'est un fait qu'en y réfléchissant bien, la fin de la vie **est** une période bien triste pour beaucoup d'entre nous. Il me **semble** donc qu'il y **a** un temps pour tout, un temps où l'on puisse tirer profit de la solitude et un temps où on la **subit** plutôt. La sagesse **semblerait** indiquer à chacun de trouver des intérêts ou des passe-temps pour pouvoir en atténuer l'influence et ne pas être totalement soumis à son emprise. Ainsi peut-être **est**-il possible d'arriver à faire une compagne de la solitude ?

Comment lire les chiffres

Cette page est à l'intention des élèves qui ont des difficultés à lire les chiffres longs.

Comment lire les chiffres sans hésitation ?

Lire les chiffres longs n'est pas difficile si l'on respecte le principe suivant :

Les nombres en français se lisent facilement à condition de séparer physiquement les centaines des milliers, des millions et des milliards. (parfois on laisse un espace libre, parfois on met un signe spécifique : un point, une apostrophe ou une virgule).

Chaque signe écrit correspond à un mot qu'il faut dire à haute voix.

Exemples :

2.202	deux **mille** deux cent deux
22.202	vingt deux **mille** deux cent deux
202.202	deux cent deux **mille** deux cent deux
2.202.202	deux **million** deux cent deux **mille** deux cent deux
22.202.202	vingt deux **million** deux cent deux **mille** deux cent deux
202.202.202	deux cent deux **million** deux cent deux **mille** deux cent deux
2.202.202.202	deux **milliard** deux cent deux **million** deux cent deux **mille** deux cent deux

Lis les chiffres suivants :

a	3.004	444.444	5.555.555	677.000.767
b	1.001	200.003	2.000.007	545.970.077
c	13.450	890.413	9.020.009	234.567.898
d	20.302	210.234	8.803.702	342.676.987
e	10.008	489.987	5.403.810	66.666.666
f	48.924.	578.007	10.002.003	31.456.876.129

Comment lire un paragraphe

Le paragraphe (ou la strophe en poésie) contient généralement deux choses importantes:

      1 le **thème** qu'il expose
      2 **l'idée** autour de laquelle le thème s'articule

Pour trouver l'idée, il faut d'abord trouver le thème du paragraphe.

RECHERCHE DU THÈME

Le thème (en général un seul mot) répond à la question: **DE QUOI PARLE CE PARAGRAPHE ?**

Exemples de thèmes: l'amour / la nature / la mort / la vengeance

On peut raffiner le thème en lui adjoignant une précision qualificative:
      l'amour contrarié
      la nature impassible
      la mort stoïque
      la vengeance inassouvie

MÉTHODE DE RECHERCHE DU THÈME

L'étude des **mots (noms, verbes et adjectifs)** permet généralement de cerner le thème.
Pour cela, il existe différents procédés:
1 Inventorier les sujets des phrases, et surtout ceux des propositions principales.
2 Noter la répétition des noms (qu'ils soient sujets de phrase ou pas)
3 Noter la répétition des verbes.
4 Comparer les phrases entre elles: le rapport des phrases de l'une à l'autre crée le paragraphe.
5 Dissocier, dans le texte, les exemples des généralités qu'ils illustrent.

RECHERCHE DE L'IDÉE

L'idée d'un passage répond à la question: **QUE DIT LE PARAGRAPHE SUR LE THÈME ?**
L'idée consiste généralement en une courte phrase (ou en un groupe de mots) dont le thème sera souvent le sujet.

Exemples d'idées: l'amour contrarié s'incline devant les conventions
                    la nature impassible déroute le héros
                    la mort stoïque est un modèle à suivre
                    la vengeance inassouvie engendre le ressentiment

MÉTHODE DE RECHERCHE DE L'IDÉE

L'idée (principale) s'articule automatiquement autour du thème qu'elle définit et raffine.
Parmi les différents aspects associés à l'idée, il faut choisir l'aspect principal ou déduire du texte une synthèse concernant l'idée.

Comment lire un roman (ou un texte)

Il convient, dans le cadre d'une lecture de classe, de faire 2 lectures du roman :

La **première** lecture est panoramique. Elle peut se faire à l'avance et doit procéder par sauts logiques: par exemple, lire un chapitre à la fois minimum. Surligner en couleur (jaune de préférence) les mots inconnus dont la définition sera écrite en bas de la page.

La **seconde** lecture, pendant laquelle il faut:
-résumer brièvement les éléments de l'action du livre chapitre par chapitre. Utiliser pour cela les pages vierges à la fin du livre, en indiquant la première et la dernière page de chaque chapitre pour référence rapide.
-surligner d'une couleur spécifique (rouge par exemple) à chaque page où cela apparaît, tout ce qui est important du point de vue de l'action (narration), de la description ou des traits de personnage.

EXPLICATION GÉNÉRALE DE CHAPITRE

Pour une telle explication, il faut pouvoir :

1 Resituer le chapitre dans le contexte
2 Expliquer les mots nouveaux et / ou difficiles du chapitre
3 Raconter chronologiquement l'action du chapitre
4 Répondre à des questions sur des détails du chapitre
5 Indiquer l'intérêt du chapitre

PASSAGE DE CHAPITRE À EXPLIQUER

Pour cela, il faut pouvoir :

1 Resituer le passage dans son contexte
2 Indiquer l'intérêt de ce passage: narratif / descriptif / psychologique, etc.
3 Annoncer soit les parties (chronologiques), soit les thèmes du passage
4 Analyser chaque partie ou chaque thème du point de vue du fond et de la forme
5 Conclure en relevant la progression de l'action dans ce passage et l'intérêt de celui-ci

Comment mémoriser la conjugaison française

Pour former les temps verbaux, il faut appliquer les règles de formation qui précisent comment connaître le radical des temps. Ci-dessous, le tiret sépare radical et terminaison.

Règles de formation des temps verbaux

Le futur simple est dérivé de l'infinitif complet
1er groupe : parler   je parler-ai
2e groupe :   finir   je finir-ai
3e groupe :   prendre   je **prendr**-ai *

Le conditionnel présent est dérivé de l'infinitif complet
1er groupe   parler   je parler-ais
2e groupe :   finir   je finir-ais
3e groupe :   prendre   je **prendr**-ais *

Le présent de l'indicatif est dérivé du radical de l'infinitif
1er groupe : parl-er   je parl-e
2e groupe :   fin-ir   je fin-is
3e groupe :   prend-re   je prend-s

Le présent du subjonctif est dérivé du radical de la personne « ils » du présent de l'indicatif
1er groupe : Ils parl-ent   il faut qu'ils parl-ent
2e groupe :   Ils fin-issent   il faut que je fin-isse
3e groupe :   Ils prenn-ent   il faut que je prenn-e

L'imparfait de l'indicatif est dérivé du radical de la personne « nous » du présent de l'indicatif
1er groupe : Nous parl-ons   je parl-ais
2e groupe :   Nous finiss-ons   je fin-issais
3e groupe :   Nous pren-ons   je pren-ais

Le participe présent est dérivé du radical de la personne « nous » du présent de l'indicatif
1er groupe : Nous parl-ons   parl-ant
2e groupe :   Nous fin-issons   fin-issant
3e groupe :   Nous pren-ons   pren-ant

Le passé simple est dérivé de la personne « nous » du présent de l'indicatif
1er groupe : Nous parl-ons   je parl-ai
2e groupe :   Nous fin-issons   je fin-is
3e groupe :   Nous pren-ons   je **pr**-is *

Le participe passé est dérivé du radical de l'infinitif
1er groupe : parl-er   parl-é
2e groupe :   Fin-ir   fin-i
3e groupe :   Prend-re   **pr**-is *

L'imparfait du subjonctif est dérivé du radical du passé simple
1er groupe : je parl-ai   je parl-asse
2e groupe :   je fin-is   je fin-isse
3e groupe :   je pr-is   je pr-isse   * forme irrégulière

Comment mémoriser un vocabulaire : du français vers l'anglais
(situation après 4 lectures)

		CODE	
	.	.Mots inconnus à la 1ᵉ lecture	Marquer en jaune à la 1ᵉ lecture
	FA	Faux Amis (mot entier en rouge)	Marquer en rouge le mot entier
	O	Orthographe (difficulté en rouge)	Marquer en rouge la seule difficulté
	P	Phonétique (difficulté en rouge)	Marquer en rouge la seule difficulté
II		Nombre d'échecs de mémorisation	Tracer une barre à chaque passage sans succès
III		Mot mémorisé au 3ᵉ passage	Marquer en vert après le passage avec succès

			THE HOUSE	**LA MAISON**
I	P		Architect	architecte – un
II	FA	.	Commodious	vaste, spacieux
II		.	Cradle – a	berceau – un
IIII	FA	.	Dilapidated	délabré
			Door-knob – the	bouton de porte – le
iI	O		Flat – a / apartment – an /US	appartement – un
			Landlord – the	propriétaire – le
IIII	FA	.		grand
			Bookcase – the	bibliothèque (meuble) – le
II	FA		Chandelier – a	lustre – un
III	P	.	To comb	peigner
III	O		Comfortable	confortable
II			Convenient	commode
IIII		.	Drowsy	somnolent
			Landing – the	palier – le
IIII	FA	.	Library – the	bibliothèque (bâtiment) – la
II	O		The mirror	miroir – le, glace – la
II		.	Sink – a	évier – un
			Threshold – the	seuil – le
II	P	.	To wring	essorer

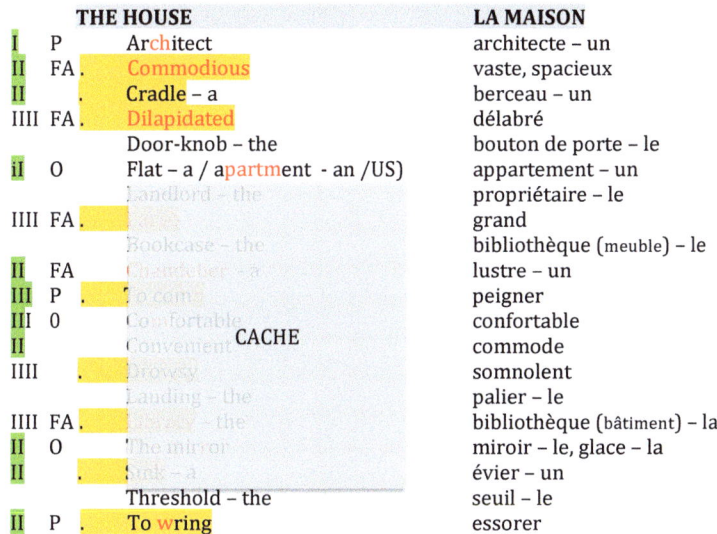

Remarques :
Cette méthode permet à l'étudiant de situer avec clarté les difficultés rencontrées pour chaque mot. Par la suite, il sera aisé de réviser des semaines, voire des mois plus tard car le travail de codage pour la mémorisation permet une réappropriation rapide de la maîtrise du sujet à étudier.

- Le codage ci-dessus représente les difficultés d'un étudiant **francophone**.
- La 1ᵉ lecture est celle du codage en couleur et de la nature des fautes (phonétique / orthographe)
- A chaque lecture suivante, il faut ajouter une barre pour chaque mot non encore mémorisé.
- Quand un mot est mémorisé, on ajoute le vert. Le nombre de barres indique la résistance du mot.
- On peut mémoriser de l'anglais au français (gauche à droite) ou dans l'autre sens. (voir page 28)
  La méthode est la même et on code dans les 2 colonnes du côté extérieur de la page.
- Après 4 lectures, les mots avec 4 barres et sans vert sont encore réfractaires à la mémorisation.
- Les lettres en rouge dans les mots indiquent les difficultés de phonétique ou de prononciation.

Comment mémoriser un vocabulaire : de l'anglais vers le français
(situation après 4 lectures)

CODE			
	.	.Mots inconnus à la 1ᵉ lecture	Marquer en jaune à la 1ᵉ lecture
FA		Faux Amis (mot entier en rouge)	Marquer en rouge le mot entier
0		Orthographe (difficulté en rouge)	Marquer en rouge la seule difficulté
P		Phonétique (difficulté en rouge)	Marquer en rouge la seule difficulté
II		Nombre d'échecs de mémorisation	Tracer une barre à chaque passage sans succès
III		Mot mémorisé au 3ᵉ passage	Marquer en vert après le passage avec succès

THE HOUSE	LA MAISON		
Architect	architecte – un	P	I
Commodious	. vaste, spacieux	FA	II
Cradle – a	. berceau – un		IIII
Dilapidated	. délabré		III
Door-knob – the	bouton de porte – le		
Flat – a / apartment - an /US	appartement – un	O	II
Landlord – the	propriétaire – le		
Large	. grand	FA	II
Bookcase – the	bibliothèque (meuble) – le		
Chandelier - a	lustre – un		
To comb	. peigner		
Comfortable	confortable	O	II
Convenient	. commode	FA	IIII
Drowsy	somnolent		
Landing – the	palier – le		
Library – the	. bibliothèque (bâtiment) – la		III
The mirror	miroir – le, glace – la	O	II
Sink – a	. évier – un		II
Threshold – the	. seuil – le		I
To wring	. essorer		II

Remarques :
Cette méthode permet à l'étudiant de situer avec clarté les difficultés rencontrées pour chaque mot. Par la suite, il sera aisé de réviser des semaines, voire des mois plus tard car le travail de codage et de mémorisation permet une réappropriation rapide de la maîtrise du sujet à étudier.

- Le codage ci-dessus représente les difficultés d'un étudiant **francophone**.
- La 1ᵉ lecture est celle du codage en couleur et de la nature des fautes (phonétique / orthographe)
- A chaque lecture suivante, il faut ajouter une barre pour chaque mot non encore mémorisé.
- Quand un mot est mémorisé, on ajoute le vert. Le nombre de barres indique la résistance du mot.
- On peut mémoriser de l'anglais au français (gauche à droite) ou dans l'autre sens. (voir page 27)
  La méthode est la même et on code dans les 2 colonnes du côté extérieur de la page.
- Après 4 lectures, les mots avec 4 barres et sans vert sont encore réfractaires à la mémorisation.
- Les lettres en rouge dans les mots indiquent les difficultés de phonétique ou de prononciation.

Comment présenter un livre oralement : théorie

L'étudiant doit présenter son exposé à partir d'un plan détaillé en 20 minutes environ.
Ce plan doit inclure le numéro des pages citées dans l'ouvrage.
Le plan suivra le modèle donné ci-dessous.
Le plan doit inclure les références bibliographiques citées.
Au dos du plan se trouvera un court passage du livre à expliquer.

I INTRODUCTION ordre de temps 1 à 2 '

    Présenter :
        A l'auteur
        B l'époque
        C thèmes des œuvres principales
        D caractéristiques principales de l'auteur

PRÉSENTATION DU LIVRE ordre de temps 4'

    Présenter le livre en mettant en évidence les détails importants suivants :

        A la **structure** du livre (genre littéraire, nombre de parties, de chapitres, de pages, etc.)

        B le résumé du livre :

            - contexte
            - cadre spatio-temporel
            - histoire

        ATTENTION : ne pas donner le dénouement du livre mais arrêter le résumé avant la fin, quand l'intrigue devient intéressante afin de stimuler la curiosité des auditeurs pour lire le livre.

ANALYSE DU LIVRE ordre de temps 6'

    Analyser les aspects suivants, si possible:
        A thèmes majeurs : faire des comparaisons avec d'autres livres et auteurs, le cas échéant.
        B personnages majeurs : faire des comparaisons avec d'autres livres et auteurs, le cas échéant.
        C tons (comique, tragique, spirituel, ironique, etc.)
        D aspects littéraires divers (réaliste, psychologique, romantique, etc. ; littérature engagée, etc.)

PASSAGE DU LIVRE À LIRE ET À EXPLIQUER ordre de temps 6'

    Au dos du plan, copier un passage du livre (15 lignes environ) typiquement représentatif :
    le passage choisi doit être important au niveau de l'intrigue ou du style de l'écrivain.

    Suivre le déroulement suivant :
        A contexte du passage
        B lecture du début du passage avec émotion
        C intérêt du passage (idées, style, point de vue, etc.)
        D mise en évidence d'**aspects spécifiques** à l'auteur ou à son oeuvre

CONCLUSION ordre de temps 1 à 2 '

    A place / influence du livre dans la littérature française ou mondiale
    B justification (références)
    C élargissement (comparaison, opinion personnelle justifiée, etc.)

Comment présenter un livre oralement : exemple de *Boule de Suif*

Tous les numéros de pages proviennent de l'édition Petits Classiques Larousse 2007.

BOULE DE SUIF de Maupassant

(en **gras** figurent les titres à retrouver dans tous les exposés de présentation de livres)

I Introduction

A auteur	Maupassant :	Normand	le maître de la nouvelle (plus de 300)
B époque	19ᵉ siècle :	influence :	Flaubert et Zola
C thèmes	- le mal :	multiforme :	guerre, avarice, lâcheté, égoïsme, folie
	- la prostituée :	exception :	place spéciale de la prostituée : bonté
D caractéristiques	style :	sec et concis	descriptions courtes / mordantes

II Présentation générale

A structure nouvelle : récit célèbre assez court (60 pages) de Maupassant

B résumé contexte : guerre franco-prussienne de 1870 gagnée par la Prusse.
  cadre : Normandie pendant l'occupation prussienne de la France.
  histoire : - voyage en diligence : fuite devant l'occupation prussienne.
   - Lors d'une halte, les Prussiens bloquent les voyageurs.
   - Condition pour repartir :
   - Boule de Suif, une prostituée, doit coucher avec l'officier allemand et subit la pression des autres passagers.
   - Va-t-elle céder ou refuser ?

III Analyse du livre

A thèmes 1. la guerre 2. la bourgeoisie 3. la prostitution 4. l'âme humaine

B personnages la prostituée : - grand cœur pp. 39-41 méprisée p. 69
  la noblesse : - comte : vieille noblesse vaine à la fortune douteuse p. 32
  Les bourgeois : - grande bourgeoisie : Carré-Lamandon : hypocrite p. 42
   - Loiseau : nouveau riche filou, profiteur pp. 30-31 farceur, obscène p. 64
  Le peuple : - Cornudet : démocrate résistant : p. 34 bon, honnête p. 57
  L'armée : - L'armée prussienne : ordonnée et puissante : p. 25
   - L'armée française : en déroute : pp. 23-24

C tons / message Ironie contre : - les bourgeois : égoïstes / peureux p. 24
   - les Prussiens : l'officier : arrogant, goujat : pp. 51-52
  Satire contre : - l'armée française : chefs incompétents / fanfarons : p. 24

IV Passage du livre

  Contexte (Résumer rapidement le contexte de l'histoire à ce moment-là)
  Lecture (Lire le texte avec conviction et sentiment)
  Intérêt (Mettre en évidence ce qui est spécial dans le passage: fond et forme)

V Conclusion

  Place / influence nouvelle très connue, un modèle du genre
  Justification soulève problèmes majeurs de l'âme humaine :
   bonté - égoïsme, patriotisme – lâcheté, courage – couardise, etc.
  Élargissement peinture toujours actuelle. types éternels : ex. occupation en 1939-45

Comment présenter une biographie écrite en quatre phrases : théorie

Conseils :
1 Donner peu de dates mais plutôt indiquer **l'âge** de l'écrivain chaque fois que c'est important.
2 Adopter le **mouvement chronologique** du texte sans en être esclave.
3 Opérer des **regroupements** logiques pour briser la monotonie de listes sans intérêt.
   Ainsi pour un auteur prolifique, regrouper les œuvres par périodes de sa vie ou par genre littéraire.

Phrase 1 : identité de l'écrivain

En une phrase, donner **quatre éléments majeurs** répondant aux questions suivantes : (QQQO)

1 **Qui ?**   **nom de la personne** (avec anagramme et / ou pseudonyme)
2 **Quoi ?**   **profession**. Mentionner le genre littéraire majeur / poésie / théâtre / roman, etc.
3 **Quand ?** Donner le **siècle** et préciser : à cheval sur 2 siècles / début / milieu / fin de siècle
4 **Où ?**   **lieu de naissance**. Donner une région ou une ville connue proche

Phrase 2 : oeuvre de l'écrivain

Donner **le nom des oeuvres majeures** avec, si possible, leur genre littéraire et de quoi elles traitent.

Les éléments de la vie professionnelle ou privée en rapport avec son œuvre peuvent être évoqués.

Exemples : emprisonnement / voyages / exil / œuvres anonymes / censure / influences subies (personnes, lectures, idéologies, etc.)

Phrase 3 : idées et style de l'écrivain

Il s'agit de faire ressortir **les idées directrices de l'œuvre de l'écrivain** et, si c'est le cas, d'indiquer en quoi son écriture est novatice, typique ou unique.

Phrase 4 : importance de l'écrivain

En une (voire deux) phrase(s), donner si possible les quatre éléments majeurs suivants : (ALNI)

1 **Âge** à la mort
2 **Lieu** de sa mort
3 **Notoriété** à la mort
4 **Influence posthume**

Comment présenter une biographie écrite en quatre phrases : exemple

1 Ne pas donner de dates mais plutôt indiquer **l'âge** de l'écrivain chaque fois que c'est important.
2 Adopter le **mouvement chronologique** du texte sans en être esclave.
3 Opérer des **regroupements** logiques pour briser la monotonie des listes ennuyeuses et souvent sans intérêt.
  Par exemple, si un auteur est prolifique, regrouper des œuvres par périodes de sa vie ou par genre littéraire.

Phrase 1 : identité de l'écrivain

En une seule phrase, donner les 4 éléments répondant aux 4 questions suivantes : qui / quoi / quand / où

Ex. François-Marie Arouet, dit **Voltaire**, est un écrivain et philosophe français du (milieu du) 18e siècle né à Paris.

Phrase 2 : oeuvre de l'écrivain

Donner le nom des oeuvres majeures en indiquant si possible leur genre littéraire et de quoi elles traitent.
Les éléments de la vie professionnelle ou privée en rapport avec son œuvre peuvent être évoqués.

Ex. Voltaire a été un écrivain très prolifique. Son chef d'œuvre est le conte philosophique *Candide* mais il faut aussi retenir *Les Lettre philosophiques* et *le Dictionnaire philosophique*.

Phrase 3 : idées et style de l'écrivain

Il s'agit de faire ressortir les idées directrices de l'œuvre de l'écrivain et, si c'est le cas, d'indiquer en quoi son écriture est novatrice, typique ou unique.

Voltaire est un écrivain **engagé** : il prend position contre le pouvoir religieux et politique, contre l'intolérance et les privilèges sous toutes ses formes, et pour cela, son arme favorite est **l'ironie** avec laquelle il ridiculise ses ennemis.

Phrase 4 : importance de l'écrivain

En une (voire deux) phrase(s), donner si possible les quatre éléments majeurs suivants : (ALNI)
1 **Âge** à la mort
2 **Lieu** de sa mort
3 **Notoriété** à la mort
4 **Influence** posthume

Ex. **Voltaire** est mort à l'âge de 84 ans à Paris au sommet de la gloire. Son influence est énorme par ses idées révolutionnaires ; d'autre part, son style unique a donné naissance au mot « voltairien » qui désigne une écriture faite de critique ironique et railleuse devenue une caractéristique de l'esprit français.

RÉSUMÉ DE VOLTAIRE EN QUATRE PHRASES

- François-Marie Arouet, dit **Voltaire**, est un écrivain et philosophe français du (milieu du) 18e siècle né à Paris.

- Il a été un écrivain très prolifique : son chef d'œuvre est le conte philosophique *Candide* mais il faut aussi retenir *Les Lettres philosophiques* et *le Dictionnaire philosophique*.

- Voltaire est un écrivain **engagé** : il prend position contre le pouvoir religieux et politique de son temps, contre l'intolérance et toutes sortes de privilèges. Son arme favorite est **l'ironie** avec laquelle il ridiculise ses ennemis.

- Lorsqu'il meurt à l'âge de 84 ans à Paris au sommet de la gloire, Voltaire exerce déjà une influence énorme par ses idées révolutionnaires ; d'autre part, son style unique a donné naissance au mot « voltairien » qui désigne une écriture faite de critique ironique et railleuse devenue une caractéristique de l'esprit français.

Comment présenter une double biographie oralement

La double biographie

> Cet exercice s'applique aux biographies d'auteur qui se trouvent dans les dossiers des livres de classe. Ces biographies sont longues de quelques pages. Résumer ces biographies pour en faire des exposés oraux nécessite une préparation comme celle ci-après.

1. Faire une première lecture du texte en marquant au ==stabilo jaune== les éléments importants concernant la vie ==privée== de l'écrivain.
   Par élément important, il faut comprendre tout élément de la vie privée qui a une incidence directe ou indirecte sur la vie professionnelle de l'écrivain.

Eléments importants :	exemples d'écrivains concernés :
Régionalisme	Maupassant / Mauriac / Ramuz
situation familiale	Corneille / Rousseau
situation sociale	Voltaire / Balzac
situation financière : dettes	Balzac / Baudelaire
voyages	Montaigne / Chateaubriand / les Romantiques
séjours en prison	Beaumarchais / Villon / Chénier
engagement politique	Hugo / Lamartine / Zola / Voltaire
rôle religieux / idéologique	Calvin / Mauriac / Péguy
censure	Flaubert / Baudelaire / Voltaire

2. faire une deuxième lecture en marquant au stabilo rouge les éléments importants de la vie professionnelle.

Eléments importants :	exemples d'écrivains concernés :
influence reçue d'autres écrivains	influence de Rousseau et Chateaubriand sur les romantiques
appartenance à une école littéraire	Racine et le classicisme ; Zola et le naturalisme
rapports avec des écrivains vivants	Flaubert – Maupassant ; Verlaine et Rimbaud
nom des œuvres majeures	(se concentrer sur les œuvres essentielles)
prix et récompenses littéraires	Prix Goncourt - Nobel - Académie française
censure contre l'écrivain	Flaubert / Baudelaire / Beaumarchais
influence exercée sur d'autres écrivains	influence de Baudelaire sur les symbolistes / de Balzac sur Zola

   Conseils pour préparer la présentation orale de la biographie :
   - on se contente de marquer en différentes couleurs les éléments importants de la biographie
   - il faut varier ses connecteurs temporels : en 1876 … ; 5 ans plus tard, … ; à l'âge de 53 ans, … ; pendant son séjour en prison, … ; arrivé à la retraite, …
   - excepté les dates de naissance et de mort, éviter d'énumérer trop de dates, mais varier en écrivant l'âge de l'écrivain aux moments clé de sa vie : à l'âge de 56 ans, ….
   - on peut travailler d'abord seul et sur une partie de la biographie (privée ou professionnelle)
   - on peut pratiquer oralement avec son voisin en classe

   Avantages du marquage en différentes couleurs:
   - trier facilement l'information par le code de couleurs
   - résumer rapidement et pertinemment
   - repérer instantanément les passages importants dans le texte
   - se passer autant que possible de prise de notes

Comment préparer une biographie pour l'oral

1. Varier les connecteurs temporels
Il faut éviter un chapelet indigeste de dates du genre : en telle année, etc.
Les dates de naissance et de mort, avec parfois des événements majeurs (comme la Révolution française, une guerre, etc.) sont les seules vraiment nécessaires.

Il vaut mieux calculer à quel âge se produisent les événements essentiels de la vie de l'écrivain.
Il est conseillé d'écrire le chiffre correspondant à l'âge dans la marge du texte, au niveau de l'événement.

Choisissez des connecteurs du genre :
1. En telle année
2. X ans plus tard
3. l'année suivante
4. entre telle année et telle année
5. Quelque temps plus tard
6. A tel âge
7. X années après tel événement ou après telle date (un événement pertinent ou majeur comme une révolution, la mort d'un roi, le début ou la fin d'une guerre, etc.)

2. regroupements thématiques
Opérer des regroupements thématiques (même au détriment de la chronologie) pour éviter les répétitions

Ceci est particulièrement important pour les noms d'œuvres d'écrivains prolifiques (Balzac / Hugo/ Voltaire, etc.)

Laisser tomber les détails superflus qui compliquent le travail et n'ajoutent rien

3. Travailler la qualité du français oral en simplifiant le style
Faire des phrases courtes et simples
Eviter de compliquer
Utiliser un vocabulaire simple mais clair et correct

4. Segmenter la biographie
Repérer les articulations chronologiques naturelles de la vie de l'écrivain.
Travailler sur une partie de la biographie après l'autre.
Idéalement, maîtriser cette partie avant d'attaquer la suivante.

Le texte de la biographie est maintenant marqué de deux couleurs qui chacune met l'accent sur un aspect différent de la vie de l'auteur.
On peut donc maintenant, faire une présentation orale de la :
- biographie personnelle (couleur jaune)
- biographie professionnelle (couleur rouge)
- biographie complète (couleurs jaune et rouge)

Comment répondre à une question à l'oral

Dans toute réponse à une question posée, dans le style soutenu, il est conseillé d'appliquer les règles suivantes :

1. **Remplacer les noms par les pronoms adéquats :**

	CORRECT	INCORRECT
Où est Robert ?	**Il** est à Paris.	Robert est à Paris.
Aimes-tu le français ?	Oui, je **l'**aime.	Oui, j'aime le français.
Manges-tu du pain ?	Oui, j'**en** mange.	Oui, je mange du pain.

   Exception : quand on doit choisir entre deux alternatives, il faut répéter un nom.
   Préfères-tu le chocolat ou la glace ?   Je préfère la glace.

2. **Dans une réponse négative, donner si possible l'antonyme :**

	CORRECT	INCORRECT
Es-tu majeur?	Non, je suis mineur.	Non, je ne suis pas majeur.

3. **Les adverbes temporels n'ont pas besoin d'être répétés dans la réponse.**

   Que feras-tu dimanche ? (Dimanche,) je skierai.

4. **Dans la réponse, employer en principe le même verbe et le même temps que dans la question.**

As-tu **aimé** le livre ?	oui, je l'ai **aimé**.
Viendras-tu dimanche ?	Oui, je **viendrai**.
As-tu **fait** ton lit ?	Oui, je l'ai **fait**.

   Exception : parfois, il ne faut pas répéter le verbe faire :
   Que **feras**-tu demain ?   Demain, je **partirai**.

5. **Quand le verbe « être » est employé avec un adjectif dans la question, utiliser le pronom « le » dans la réponse.**

Tu es français ?	Oui, je **le** suis.
Il est grand ?	Oui, il **l'**est.

6. **Quand un verbe est suivi d'un infinitif, attention à la place du pronom (toujours devant le verbe auquel il se rapporte) :**

Aimez-vous le gâteau ?	Oui, je **l'**aime.
Aimez-vous lire le journal ?	Oui, j'aime **le** lire.

Comment résumer un livre : *Boule de Suif* de Maupassant

Édition Petits Classiques Larousse 2007

1   pp. 23-27 (le cadre)
En 1870, suite à la défaite française face à la Prusse, la France, et tout particulièrement la Normandie, sont envahies.
L'armée française en déroute offre un spectacle lamentable de soldats désespérés et de chefs incapables et corrompus.
L'armée prussienne, elle, se révèle effrayante pas son organisation et sa discipline.
Après l'invasion débute l'occupation : les vaincus doivent remplir leurs devoirs auprès de leurs vainqueurs.
Malgré cette cohabitation, l'hostilité entre les deux camps reste palpable.

2   pp. 27-34 (les protagonistes)
Quelques personnes désireuses de partir pour Dieppe retiennent une diligence. Le matin du départ, il fait très froid et il neige.
10 voyageurs embarquent au milieu d'une tempête de neige.
Le jour se lève imperceptiblement au moment du départ.
Trois couples sont assis dans le fond de la diligence : M et Mme Loiseau, marchands de vin, M et Mme Carré Lamadon, grands bourgeois ainsi que le comte et la comtesse Hubert de Bréville. Viennent ensuite 2 bonnes sœurs, Cornudet le démoc et enfin B de S.

3   pp. 34-43 (le voyage)
La diligence progresse très lentement et bientôt, l'appétit apparaît.
Il est impossible de se procurer de la nourriture dans les fermes en temps de guerre.
L'appétit fait maintenant place à la faim. Cornudet offre du rhum que seul Loiseau accepte de boire.
A 3 heures de l'après-midi, Boule de Suif sort un panier rempli de provisions dont l'odeur se répand dans toute la diligence.
La jeune fille propose à ses compagnons de partager ses victuailles, ce qu'acceptent aussitôt Loiseau, suivi des bonnes sœurs et enfin de Cornudet.
Mm Loiseau cède à son tour, encouragée par son mari.
Cornudet montre un certain intérêt pour Boule de Suif.
Les 4 derniers voyageurs finissent, eux aussi, par céder. Tout le monde mange avec gloutonnerie et l'atmosphère devient agréable.
Les langues se délient et Boule de Suif raconte qu'elle fuit l'occupant auquel elle s'est opposée publiquement, ce pour quoi elle reçoit les félicitations des voyageurs et en particulier de Cornudet.
Ce dernier, démocrate, s'emporte contre Napoléon III, ce qui fâche B de S, bonapartiste.
Une fois la nuit tombée, les voyageurs s'assoupissent mais Loiseau croit voir Cornudet tenter de se rapprocher de Boule de Suif qui le repousse.
Finalement la diligence arrive à Tôtes.   …/…

4   pp. 43-53 (la complication)

Les voyageurs sont conviés par un officier prussien à sortir de la diligence. Boule de Suif et Cornudet descendent en dernier en se montrant dignes face à l'envahisseur.

Avant le repas, l'officier fait quérir Boule de Suif pour des raisons mystérieuses. Elle ne s'y rend que sous la pression des autres voyageurs et en revient toute agitée et outrée, sans pour autant en expliquer les motifs.

Le repas est plein de gaieté autour de M et Mme Follenvie, les aubergistes.

Cette dernière critique sans vergogne les occupants et toute forme de guerre, provoquant l'approbation de Cornudet.

Pendant la nuit, M Loiseau, toujours à l'affût, remarque une vaine tentative d'avances de Cornudet vis-à-vis de Boule de Suif.

Le lendemain, les voyageurs sont stupéfaits, apprenant que la diligence ne peut partir.

Lassés d'attendre, une délégation de 3 hommes se rend auprès de l'officier prussien. Ce dernier refuse de leur donner une explication quelconque. Les bourgeois commencent à s'inquiéter pour leur fortune.

Le soir, le commandant redemande à voir Boule de Suif qui refuse. Excédée, elle explique enfin aux voyageurs que le prussien exige de coucher avec elle, ce qui provoque une vague d'indignation auprès des autres voyageurs.

5   pp. 53-66 (la résolution)

Le lendemain matin, un refroidissement s'est opéré envers Boule de Suif. L'après-midi, l'animosité du groupe croît à son égard.

Les voyageurs partent en promenade et rencontrent l'officier prussien que certaines dames trouvent attirant. Ce soir-là, le repas est silencieux.

Le lendemain matin, on apprend que Boule de Suif a un enfant, et celle-ci, pour se rappeler son bon souvenir, part assister à un baptême. Durant son absence, le couple Loiseau exprime sa révolte en proposant de la laisser en otage.

C'est alors qu'un plan est mis sur pied et le groupe fomente une conspiration contre elle.

Malgré les efforts des voyageurs, B d S refuse une 3e fois les avances de l'officier.

Mais la religieuse intervient alors, faisant appel chez B de S au sentiment de pitié envers les malades qui ne seront pas soignées par la sœur bloquée dans cette auberge.

L'après-midi, c'est au tour du Comte d'intervenir, en la prenant par les sentiments.

Au moment du repas, B de S ne se montre pas. Chacun ayant compris, la soirée est joyeuse, tombant même dans le grivois avec les pitreries de Loiseau qui indignent Cornudet.

6   pp. 66-70 (la conclusion)

Le lendemain, les voyageurs peuvent repartir. Boule de Suif, accueillie avec mépris par les voyageurs, se sent humiliée. Le groupe s'installe dans la diligence et le voyage débute. Au bout de trois heures, la faim occupe les esprits. Chacun sort ses victuailles sauf B de S qui n'a pas eu le temps de se réapprovisionner.

Ainsi un nouveau repas commence. La jeune fille éprouve tout d'abord une rage face à cette ingratitude puis une tristesse profonde suivie de larmes qu'elle tente de cacher. C'est alors que le sifflement et le chant de la Marseillaise par Cornudet accompagnent ses sanglots et résonnent comme une menace et une vengeance face aux bourgeois hypocrites.

Comment résumer un livre ou un texte : théorie

Pourquoi résumer ?

- Mise en évidence des événements principaux, c'est-à-dire ceux qui ont une valeur, un intérêt ou qui jouent un rôle considérables
- Mise en évidence des thèmes présents
- Meilleure compréhension du texte

Comment résumer ?

- Définir les points essentiels
- Choisir les termes avec soin
- Utiliser des connecteurs, des organisateurs (causes et temps)

Qu'est-ce qu'un point essentiel ou important ?

Un point essentiel donne un cadre temporel à la narration, l'influence, éclaire sur une thématique ou sur un personnage.

Comment déterminer les points essentiels ?

Il faut les sélectionner selon les critères suivants :
- Nouveauté dans l'intrigue
- Pertinence à l'intrigue principale
- Influence sur le cours de l'intrigue

Comment différencier entre résumé, interprétation et commentaire ?

1. Lorsqu'on fait un **résumé**, on doit rester objectif et factuel
Exemple : le début de *Boule de Suif* montre la déroute de l'armée française.

2. Lorsqu'on fait une **interprétation** d'un texte, on lui donne un sens
Exemple : le début de *Boule de Suif* montre la critique de l'armée française, incapable et corrompue

Une interprétation peut être orientée vers un domaine spécifique qui peut être exclusif
ex. interprétation psychanalytique, marxiste, érotique, socialiste, nationaliste, humaniste, etc.

3. Lorsqu'on fait un **commentaire** sur un texte, on l'explique, on l'interprète, on l'apprécie
Exemple : le début de *Boule de Suif* montre une intervention très forte de l'auteur qui stigmatise avec raison l'armée française à tous ses niveaux ainsi que les bourgeois

Le commentaire débouche sur des interprétations personnelles qu'il faut pouvoir justifier.

Comment structurer un texte par les transitions

La structure d'un texte peut prendre différentes formes. En voici quelques-unes connues :

Structure binaire

D'un côté	ou	D'une part
De l'autre		D'autre part

Structure ternaire (temporelle)

Dans un instant

Plus tard

Finalement

Structure quantitative

Certains

D'autres

(D'autres encore)

Le reste

Structure chronologique

Autrefois

(Naguère)

De nos jours

Dans le futur

Structure séquentielle

D'abord

Ensuite

(Puis)

Enfin

Comment trouver des idées dans un texte : théorie

Si, lors d'un premier contact avec un texte, on est en plein brouillard et on ne peut rien en tirer, il faut se tourner vers des techniques simples mais efficaces permettant d'entrer dans le texte : **les méthodes de recherche d'idées.**

On dénombre deux méthodes de recherche d'idées principales:

1 l'approche lexicale
2 l'approche grammaticale

Chaque méthode part du même principe: commencer par examiner l'unité de sens la plus petite du texte: le **mot**. Mais chacune aborde le vocabulaire selon un angle différent:

- la **méthode d'approche lexicale** s'intéresse surtout au **sens** des mots
- la **méthode d'approche grammaticale** s'intéresse d'abord à la **fonction grammaticale** des mots avant d'en étudier la portée sémantique.

Pour chaque méthode, il convient de dresser un tableau afin de classer les mots par affinité.

Tableau de l'approche lexicale			
Répétition de mots	Champs lexicaux	Connotations de mots	Synonymes/antonymes

Tableau de l'approche grammaticale			
Noms sujets	Noms objets	Verbes conjugués	Adjectifs / adverbes

A partir de ces tableaux, on peut déduire plusieurs enseignements et notamment les **thèmes majeurs et mineurs du texte.**

Les différents thèmes peuvent constituer le plan de l'explication écrite, si l'on veut adopter une **approche thématique d'explication**. Il faut alors arranger les thèmes selon un ordre précis qui veut que l'on procède - en général - du moins important au plus important.

Comment trouver des idées sur un thème littéraire

> Voici une méthode facile à appliquer et qui permet de trouver des idées sur un thème spécifique d'un livre étudié en classe. Quand on a trouvé assez d'idées, il reste à les organiser sous forme de plan pour une explication écrite ou présentation orale.

Sujet : la préciosité dans *Cyrano de Bergerac*

Voici une esquisse de plan propre à susciter des idées sur ce sujet de composition littéraire.

1 Localisation

Les allusions et les passages qui traitent du thème doivent être localisés dans la pièce.
Une bonne connaissance de l'œuvre est indispensable. Une simple lecture peut ne pas suffire.

    Acte I, 2 : (129)
    Acte II, 1 (123, 624) ; 4 (711-729) ; 9 (1065-1071)
    Acte III, 1 (1201-2 et 1212-1215) : 5 (1332, 1335) ; 7 (balcon) ; 10 (1506-1522 = baiser)
    Acte IV, 3 (1774-80 = pointe)
    Acte V, 4 (2359-61)

2 Identité - spécificité

Il convient de rattacher le thème aux divers personnages et de voir en quoi ou comment les personnages se rattachent au thème. Il faut faire l'inventaire des aspects spécifiques du thème vis-à-vis de chaque personnage impliqué.

1	Roxane	passion intellectuelle ; elle se pique de préciosité
2	la Duègne	elle subit l'influence de sa maîtresse : III, 3 (1299-1390)
3	De Guiche	préciosité par pur snobisme
4	Cyrano	choix d'être précieux par obligation et contradiction conséquente
5	Christian	incapacité d'être précieux
6	Ragueneau	préciosité lourde malgré sa passion littéraire

3 Approfondissement

Une manière de trouver des idées sur le thème est d'approfondir l'étude des personnages qui ont un rapport important avec le thème étudié.
Ici, la recherche doit se focaliser surtout sur Roxane et Cyrano et à un moindre degré sur Christian.

4 Comparaison

Une autre manière de trouver des idées est de voir en quoi les personnages se différencient les uns des autres par rapport au thème.

    Roxane – Christian
    Christian – Cyrano
    Roxane – Cyrano

5 Expansion

Afin de traiter le sujet avec un peu de perspective et de hauteur, il faut essayer de s'en distancer pour le voir sous un angle différent, de considérer le thème dans une perspective non plus seulement interne à l'œuvre étudiée mais aussi peut-être externe à celle-ci et donc en rapport avec une thèse possible de l'auteur. Ceci permet d'envisager une conclusion. On pourrait partir sur cette idée :

Cyrano, le porte-parole d'Edmond Rostand qui critique la Préciosité.

Comment utiliser l'espace de la page : théorie

(Voir page 43 le modèle préparé pour l'écriture d'un texte par un élève)

Un texte – même de brouillon – doit être écrit d'une manière qui permet de le travailler, de l'amender, de le raturer, de le retoucher.

Pour cela, il faut qu'il soit :

1. Aéré

Un texte aéré est un texte qui laisse de l'espace entre les lignes pour permettre des additions par le professeur, par l'élève ou par les deux.

Une page A4 devrait pouvoir être exploitée entièrement. L'espace dans la page est comme l'oxygène de la pensée comme l'air pour les poumons.

Il faut organiser l'espace de la page comme on organise l'espace au sol dans la construction d'une maison.

Pour une prise de notes, il faut diviser la page en différentes parties.

2. Lisible

L'écriture doit être soignée et ne pas constituer une épreuve de déchiffrage pour le correcteur.
Il faut soigner son écriture et donc ne pas écrire trop vite.

3. structuré

Chaque ligne écrite est suivie d'une première ligne vierge.
Cette première ligne vierge est à usage du correcteur qui l'utilisera pour localiser et indiquer la nature des fautes.
Puis vient une seconde ligne vierge : elle est à usage de l'étudiant qui l'utilisera pour ses corrections.

A raison de 10 mots par ligne en moyenne, un texte de 100 mots nécessite 10 lignes écrites plus 20 lignes vierges, ce qui correspond à la quasi-totalité d'une page A4 (environ 30 lignes en tout).

Comment utiliser l'espace de la page : exemple

Sujet : _____   Nom : _____

> Trop souvent, l'élève écrit en un bloc serré et compact, laissant vierge une grande partie de la page A4.
> Il est conseillé d'utiliser toute la page comme ci-dessous :
> **en ligne 1**, l'élève écrit son **texte**
> **en ligne 2**, le correcteur marque la nature de la faute grâce au code de correction (voir page 44)
> **en ligne 3**, l'élève corrige.
> Cette méthode permet une efficacité pédagogique optimale et une amélioration de la production écrite.

1 texte_____

2 code_____

3 corrections_____

texte_____

_____

_____

texte_____

_____

_____

texte_____

_____

_____

texte_____

_____

_____

texte_____

_____

_____

texte_____

_____

_____

Comment utiliser le code de correction

Code	Nature de la faute	Aide pour la correction	
A	**A**ccord	Trouver l'accord : relier les mots par 1 **flèche**	**fautes graves**
φ	**Ph**onétique	graphie du mot inadéquate à sa prononciation	**fautes graves**
souligné	**Texte à revoir**	Récrire le texte qui est impropre	**fautes graves**
?	**Sens obscur**	Récrire en clarifiant le sens	**fautes graves**
D	**D**isposition	disposition (= ordre) des mots à revoir	
E	**E**xpression fausse	Vérifier au dictionnaire l'expression complète	
G	**G**rammaire	Chercher la règle de grammaire	
M	**M**anque un mot	Ajouter le(s) mot(s) qui manque(nt)	
P	**P**onctuation	Signe de ponctuation inexact ou inexistant	
T	**T**emps verbal	Mauvais temps verbal	
S	**S**tyle	Récrire la phrase pour l'améliorer	
V	**V**ocabulaire	Remplacer ce mot par un autre plus adéquat	
O	**O**rthographe	Vérifier au dictionnaire	
I	**I**nutile	Mot à enlever car superflu	

Exercice

L'élève doit corriger les fautes, en récrivant les corrections exactement sous la lettre du code.
Sur la ligne 1, l'élève écrit son texte.
Sur la ligne 2, le professeur écrit la lettre du code de correction sous le mot où se trouve la faute.
Sur la ligne 3, l'élève corrige la faute exactement sous la lettre du code.

1 Quand elle est parti, elle a pris le metro. Je l'ai suivi de loin pendant les premières cinq minu-,
            A   φ   A   S

3   partie

1 tes, car elle me plaît beaucoup depuis je la connaissait. Suivre une femme dans la rue jusque

2   T   m   A

3

1 devant chez elle ne m'était jamas arrivé auparavant. Que se passait-il en moi. Etais-je

2   φ   P

3

1 amoureux ou maniaque sexuelle? Cela dépend sur la façon dont on regarde la chose.

2   A   E

3

C VOCABULAIRE

Expansion de vocabulaire par thème

On peut augmenter son vocabulaire en se concentrant sur un thème.

VOCABULAIRE THÉMATIQUE

les membres de la famille

1. donner la forme féminine des noms suivants
2. replacer les noms dans l'ordre chronologique des générations
3. donner la définition (ex. mon oncle est le frère de mon père ou de ma mère)
4. donner une identification (Qui est le fils de mon père ? c'est mon frère)

LA FAMILLE

l'aïeul _____

l'arrière grand-père _____

l'oncle _____

le cousin _____

le fils _____

le frère _____

le grand-père _____

le neveu _____

le père _____

LA BELLE-FAMILLE

le beau-fils _____

le beau-frère _____

le beau-père _____

Conseil :
Pour augmenter son vocabulaire, il est recommandé d'avoir les dictionnaires suivants :
- Dictionnaire de termes pour apprendre les **préfixes** et les **définitions** des mots
- Dictionnaire des rimes pour apprendre les **suffixes**
- Dictionnaire des **racines** grecques et latines pour le sens de la base des mots

Expansion de vocabulaire par suffixes

Apprendre le vocabulaire par les suffixes

suffixe : - cide, du latin *caedere*, tuer

Donner la définition des mots suivants :

Déicide _____

Fratricide _____

Homicide _____

Liberticide _____

Matricide _____

Parricide _____

Suicide _____

Comment appelle-t-on …

Un produit contre les insectes ?			_____

Une personne qui tue un roi ?			_____

Une personne qui assassine un tyran ?		_____

Un produit qui tue les microbes ?			_____

Une personne qui tue des enfants ?		_____

Un produit qui détruit les champignons parasites ?	_____

suffixe : - ant

Ce suffixe – ant est le signe du participe présent : il mange en courant.
Il sert aussi à former des substantifs : le courant électrique est branché.

Concernant les mots suivants, il faut :
1.   Trouver la racine (infinitif) des mots
2.   Donner la définition des mots
3.   Marquer les substantifs qui peuvent exister à la forme féminine

…/…

agonisant	émigrant	répondant
ascendant	dissolvant	pliant
aspirant	dormant	prétendant
assaillant	estivant	protestant
assiégeant	fabricant	rampant
assistant	figurant	restaurant
battant	fondant	revenant
brisant	intrigant	ruminant
calmant	isolant	semblant
colorant	levant	soupirant
combattant	liant	stimulant
conquérant	montant	stupéfiant
contenant	mourant	suppléant
correspondant	négociant	trafiquant
couchant	participant	tranchant
coulant	penchant	versant
coupant	piquant	voyant
courant	plaidant	

Suffixe – ac :

Le suffixe « -AC » désignait les "villas*" romaines. Elles étaient sur des terres agricoles sises sur des terres, dans la région de la Dordogne.

Ces domaines sont à l'origine de nombreux villages finissant par -AC, suffixes qui souvent étaient joints à des noms de personnes ou surnoms latins.

Dans la liste ci-dessous, identifiez   les lieux (L),
les produits (Pr)
les personnes (Pe) :

Armagnac   _____

Aurillac   _____

Balzac   _____

Bergerac   _____

Cadillac   _____

Chirac   _____

Cognac   _____

Condillac   _____

Fronsac   _____

Jarnac (coup de)   _____

Mauriac   _____

Polignac (jeu)   _____

Ravaillac   _____

Tolbiac   _____

Procédés mnémotechniques

Les mots et notions ci-dessous sont source de multiples confusions.
Il est bon de les mémoriser par des procédés mnémotechniques personnels.
A toi de trouver des moyens mnémotechniques pour fixer le sens des mots suivants.

A Notions antithétiques ou partiellement semblables

allitération	onomatopée
antarctique	arctique
austral *	boréal *
babord *	tribord *
bienséance	politesse
chameau	dromadaire
concave *	convexe *
déduction	induction
diagnostic	pronostic
égalité	équité
empathie	sympathie
éthique	morale
fédération	confédération
gauche	droite
grâce	élégance
hiatus *	
légal	légitime
litote	euphémisme
méridional	septentrional
république	démocratie
rime	assonance
stalagmite *	stalactite *
synecdoque *	métonymie *
talent	génie
tropique du cancer	tropique du capricorne
vrai	vraisemblable

* Quelques exemples de mnémotechnie :
Austral est où est l'Australie, dans l'hémisphère sud. Et donc, **boréal** est hémisphère nord.
Babord = gauche (les deuxièmes lettres sont a) et **tribord** = droite (les deuxièmes lettres sont r)
Concave : creux (comme une cave), **convexe** = bombé (comme une bosse)
Hiatus Rencontre de deux voyelles dans 2 syllabes différentes, comme ia dans le mot hiatus.
Stalagtite (qui tombe du planfond comme le t) **stalagmite** (qui monte comme le m)
Synecdocque, figure de style *désignant un objet par une de ses parties ou une partie par le tout*
       (la partie est dans (= **in**) le tout (le repère est l'orthographe **yn** = **in** de synecdoque).

…/…

B Quelques notions rendues confuses par la similarité des mots (paronymes)

acquis	acquit	
balade	ballade	
coasser	croasser	
décade	décennie	
déceler	desceller	
démythifier	démystifier	
épigramme	épigraphe	épitaphe
flamand	flamant	
filtre	philtre	
gué	gai	guet
havre	hâvre	
intercession	intersession	
raisonner	résonner	
rechaper	réchapper	
recouvrer	recouvrir	
roder	rôder	
rot	rôt	
tache	tâche	

Famille étymologique

FAMILLE DE MOTS

MER

Annoncer la catégorie grammaticale des mots puis leur définition.

Amerrir

Mer

Maritime

Marin

Marinade

Marine

Mariner

Marinier

Marinière

Marina

Marée

Outre-mer

Ultra-marin

Sous-marin

Créer des familles de mots à partir des mots clés de ton choix.
N'oublie pas d'annoncer la catégorie grammaticale puis de donner la définition des mots.

Faux amis : anglais - français

Les faux-amis dans l'étude des langues étrangères nécessitent une attention particulière car ils sont extrêmement difficiles à apprendre. Voici une manière pratique de les présenter.

Pour chaque faux-ami, il faut mettre en situation quatre mots (le carré lexical) pour cerner la totalité des significations. Les **deux mots en rouge** mettent en évidence la difficulté.

Il faut toujours placer d'abord dans le coin gauche supérieur du carré lexical le mot étranger (en **rouge**) qui ressemble au mot français mais ne lui correspond pas.

English	Français

| To **demand** | exiger |
| To ask | **demander** |

| **Actually** | en fait |
| currently | **actuellement** |

| **currently** | actuellement |
| fluently | **couramment** |

| to **bless** | bénir |
| to injure | **blesser** |

| to **achieve** | accomplir, réaliser |
| to finish | **achever** |

A toi maintenant de créer tes propres listes de faux-amis !

Faux amis : allemand - français / espagnol - français

La manière de présenter les faux-amis est la même pour toutes les langues concernées.
Il faut mettre en situation quatre mots (le carré lexical), dont **deux mots sont en rouge.**
Il faut toujours placer d'abord dans le coin gauche supérieur du carré lexical le mot étranger
 (en **rouge**) qui ressemble au mot français mais ne lui correspond pas.

Deutsch		Français
Baiser (das)	≠	meringue (la)
Kuss (der)		**baiser (le)**
Route (die)	≠	itinéraire (le)
Strasse (die)		**route (la)**
tresor (der)	≠	coffre-fort (le)
Schatz (der)		**trésor (le)**

Español		Français
después	≠	après
desde		**depuis**
entender -	≠	comprendre
oír		**entendre**
marcharse	≠	s'en aller
caminar		**marcher**

A toi maintenant de créer tes propres listes de faux-amis !

L'ÉCRIT

D   LA DICTÉE

La dictée

La dictée n'est pas supposée enseigner que l'orthographe.
C'est un fait que les fautes sont aussi souvent des fautes de grammaire ou de phonétique que des fautes d'orthographe. Un effort dans ces deux domaines entraîne quasi-automatiquement un progrès dans les résultats des dictées.

En mettant particulièrement l'effort sur les deux domaines que sont les fautes d'accord et les fautes d'accents, on peut très rapidement et facilement améliorer grandement ses résultats.

I Les fautes d'accords (voir pages 59, 61, 62)

En effet, la majorité des fautes de dictée sont des fautes de grammaire, et principalement des fautes d'accord.

Or, rien n'est plus impardonnable qu'une faute d'accord : en effet, pour l'éviter, nul n'est besoin d'avoir recours à un dictionnaire comme pour les fautes d'orthographe, nul n'est besoin d'avoir recours à sa mémoire (sauf dans quelques cas où par exemple le genre des mots rares n'est pas évident).

Le seul recours dont on a besoin alors est le recours à la logique : faire s'accorder entre eux les différents mots qui se rapportent au même référent.

Les élèves ont souvent un déficit dans ce domaine car, soit ils n'ont pas assez pratiqué la chasse aux accords, soit ils n'ont pas acquis les automatismes pour les repérer et les appliquer.

II Les fautes d'accents (voir page 60)

Ecrire un mot comme il ne se prononce pas équivaut à faire une faute de phonétique. Le domaine où cela se voit le plus souvent est celui des accents, notamment sur la lettre E. Un élève qui sait accorder et qui maîtrise les quatre règles régissant les accords sur la lettre « e » voit normalement ses résultats en dictée s'améliorer.

Relecture

la méthode conseillée pour vérifier sa dictée consiste à faire – idéalement - 4 relectures en vérifiant à chaque fois un des aspects suivants :

1. les accords du verbe avec son sujet (cela règle les fautes des terminaisons verbales)
2. les accords du nom avec adjectifs et déterminants se rapportant à lui (cela règle les fautes de genre et de nombre)
3. les accents avec les 4 règles principales
4. tout le reste

Accords

I Accords du sujet avec le verbe conjugué.

ex. **elle les appelle pendant que le repas cuit.**

1. Souligner les **verbes** conjugués

ex. Pierre les <u>appelle</u> pendant que les carottes <u>cuisent</u>.

2. Chercher le **sujet** de chaque verbe en posant une question selon la **formule** :

QUI ou **QU'EST-CE QUI + VERBE ?**

ex. **qui appelle** ? Pierre   (accorder avec la terminaison de la personne il: -e)

ex. **qu'est-ce qui cuit** ? les carottes   (accorder avec la terminaison de la personne elles: - ent)

II Accords du nom avec adjectifs et déterminants

ex. **les vaillants soldats sont dans la vallée déserte.**

1. Souligner les **noms**

ex. les vaillants <u>soldats</u> sont dans la <u>vallée</u> déserte.

2. chercher les **adjectifs** et **déterminants** qui s'accordent en posant une question selon la **formule** :

QUI EST ou **QU'EST-CE QUI EST + ADJECTIF ?**

Qui est vaillant ?   les soldats.

Accord en **genre** (masculin / féminin) : soldat est masculin, donc vaillant est au masculin.
Accord en **nombre** (singulier / pluriel) : soldats est pluriel, donc on met un **s** à vaillant.

qu'est-ce qui est désert ?   la vallée.

Accord en **genre** (masculin / féminin) : vallée est féminin, donc l'adjectif déserte est au féminin.
Accord en **nombre** (singulier / pluriel) : vallée est singulier, donc l'adjectif déserte est au singulier.

Accents

RÈGLES CONCERNANT L'ACCENT SUR LA LETTRE **E**

Les fautes d'accent sur la lettre E sont nombreuses. Il faut donc maîtriser cet aspect :

Règle 1 : Ne jamais mettre un accent sur la lettre E placée devant une double consonne semblable.

Exemples :   ciga**re**tte   e**ss**ence

Autres exemples :
1 m emmener   2 f efficace   3 l elle
4 r terre   5 s essentiel   6 t cette

Règle 2 : Ne jamais mettre d'accent sur E dans une syllabe finissant par un son de consonne.

Exemples :   électricité   technique

Compléter la liste avec des mots semblables :
1 perdre   2 vert   3 merci
4   5   6

Règle 3 :   Ne jamais mettre un accent sur la lettre E devant la lettre X.

Exemples : **e**xemple   e**x**traordinaire

Compléter la liste avec des mots semblables :
1 exprès   2 exode   3 excitant
4   5   6

Règle 4 :   Comme dernier son d'une syllabe, l'accent sur la lettre E est toujours **accent aigu (′)**

Exemples : ét**é**   v**é**lo

Compléter la liste avec des mots semblables :
1 fé**e**   2 aim**é**   2 d**é**jeuner
4   5   6

Règle 5 :   Si la syllabe suivante finit par e muet, la lettre E est avec un **accent grave (`)**

Exemples : p**è**re   m**è**re

Compléter la liste avec des mots semblables :
1 thème   2 colère   3 collège
4   5   6

Fautes d'accord : exercice

Abattre la faute d'accord à coups de flèches

Dans le texte suivant, mettez tout accord manquant et rattachez-le par une flèche au mot qui le contrôle (voir l'exemple dans la première ligne) :

J'entend**S** les rires qui éclat**ENT** et rebondiss**ENT** autour de moi et,

perdu ___ parmi ces gens qui me bouscul____, surprise et desemparé____,

je reste là quand soudain, je me retourn____, et la foule me jette dans ses bras.

Emporté____ par la foule qui nous traîn____ et nous entraîn____, écrasé____

l'un contre l'autre, nous ne formons qu'un seul corps. Et la marée humaine nous

pousse, enchaîné____ l'un à l'autre, et nous laiss____ épanoui____, enivré____ et

heureux. Nos deux mains restent soudé____.

Et soulevé____, nos deux corps enlacé____, s'envol____ épanoui____.

Extrait de *La Foule*, Edith Piaf

Fautes d'accord : correction

Abattre la faute d'accord à coups de flèches

Dans le texte suivant, tout accord manquant a été ajouté et rattaché par une flèche au mot qui le contrôle (prouvant la justification de l'accord) :

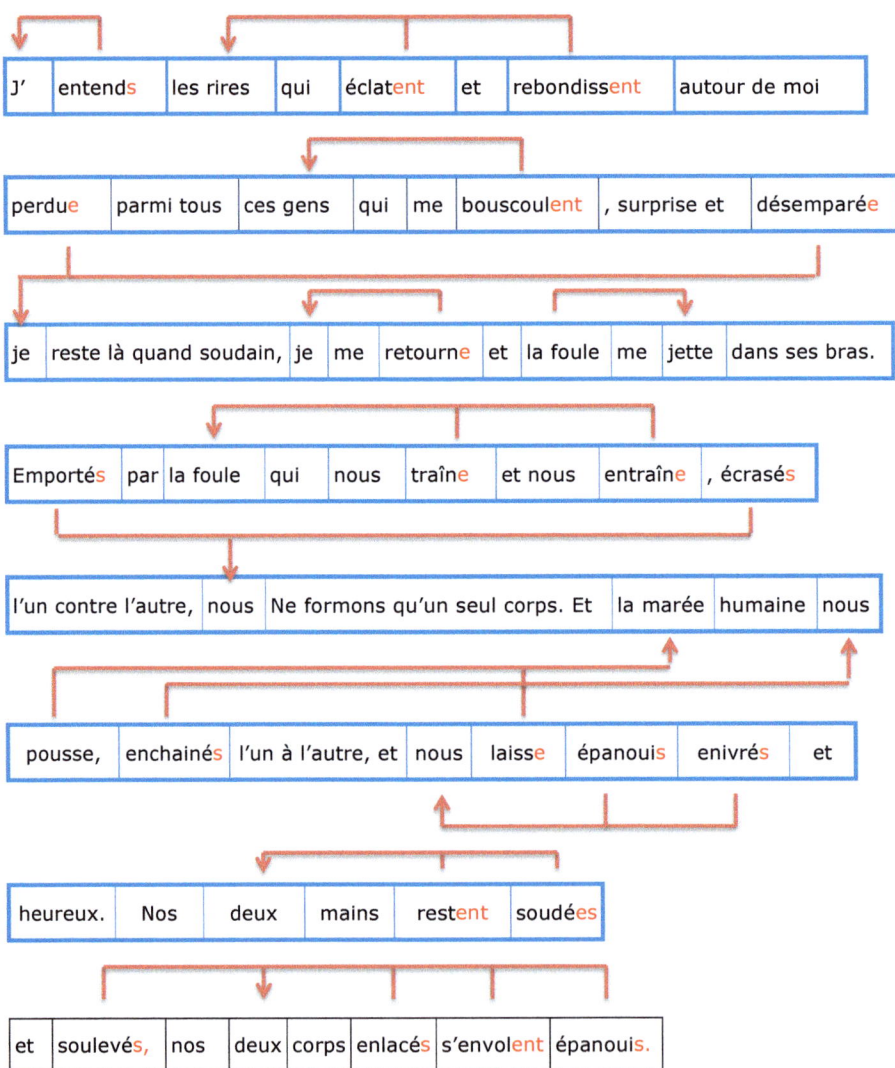

Relecture de dictée

Méthode de correction

A la fin de la dictée, le temps passé à relire doit être fait selon une méthode spéciale : on fait plusieurs lectures, en vérifiant à chaque lecture un seul aspect du texte.

1e LECTURE : VÉRIFIER LES ACCORDS DES VERBES AVEC LEURS SUJETS

Il faut chercher le sujet du verbe en posant la question:

Qui + temps verbal ?

Ex: Les voisins se retiraient pendant que je fermais mes volets.

Qui se retirait?   Les voisins se retiraient.
Donc le verbe « se retiraient » est à la 3e personne du pluriel, (terminaison -aient) comme son sujet « les voisins ». Il faut l'accord entre la personne « ils » et la terminaison adéquate du temps.

Qui fermait les volets?   Je fermais les volets.
Le verbe « fermais » est à la 1e personne du singulier, (terminaison -ais) comme son sujet « je ». Il faut l'accord entre la personne « je » et la terminaison adéquate du temps.

2e lecture : VÉRIFIER LES ACCORDS DES NOMS AVEC LES ADJECTIFS ET DÉTERMINANTS

Il faut chercher le nom (ou pronom) auquel chaque adjectif se rapporte en posant la question:

Qu'est-ce qui est + adjectif?

Ex.: La petite voiture roulait sur le pont entre les passants fatigués.

Qu'est-ce qui est petite?   C'est la voiture.
Donc l'adjectif « petite » est féminin singulier comme le nom « voiture ».

Qu'est-ce qui est fatigué?   Ce sont les passants.
Donc, l'adjectif « fatigués » est masculin pluriel comme le nom « passants ».

3e lecture : VÉRIFIER LES ACCENTS (contrôle général)

Règles principales de l'accent aigu

On met un accent aigu sur la lettre e devant:
- une seule voyelle (qui n'est pas un e muet):
    exemple :   cr**é**ation   r**é**ussite   s**é**isme

.../...

- une seule consonne:
    exemple :   écouter   éviter   périmètre

- deux consonnes quand la seconde consonne est un H, L, N ou R:
    exemple :   échapper   éclairer   régner   écraser

Exceptions :   elle   éternel   terre etc.

Règles principales de l'accent grave

On met un accent grave sur la lettre e devant :

- une syllabe muette (= comprenant un e muet) :
    ex :   règlement   légèrement   grève   mère

Exceptions : événement   céleri   sécheresse   médecin   crémerie   allégement etc

- devant la lettre s non prononcée à la fin d'un mot :
    ex :   accès   décès   procès

Règle principale de l'accent circonflexe

- L'accent circonflexe remplace la lettre S qui est parfois dans des mots de la même famille :
    ex :   bête :   bestial   hôpital :   hospitalier
              forêt :   forestier   hôte/hôtel :   hostellerie

On trouve aussi des traces de cette lettre S dans des mots anglais qui viennent du français :
    ex :   château :   castle   côte :   coast
           coût :   cost   crête :   crest
           île :   island   hâte :   haste

On ne met pas d'accent sur la lettre e devant :

- la lettre X ou devant une consonne double :
    ex :   examen   expirer   appelle   terre   verre

- 2 consonnes (ou plus) quand la première consonne est à la fin d'une syllabe et la seconde syllabe au début de la syllabe suivante :
    ex :   espérer   respirer   certain

- devant une lettre consonne finale :
    ex :   sel   bec   échec   Québec

- à la fin d'un mot quand il finit par :
         d   f   r   s   t   z.
    ex : pied   fief   cahier   des   sifflet   nez

4e lecture : VÉRIFIER LE SENS DES PHRASES

Enfin, on relit le tout pour vérifier notamment le **sens**, la **ponctuation** et l'**orthographe**.

E   LA RÉDACTION

Qu'est-ce qu'une rédaction ?

La rédaction est une mini-composition.

Un texte de rédaction inclura généralement plusieurs des caractéristiques suivantes :

Il est court:
donner une longueur exacte n'est pas aisé mais la rédaction telle qu'elle est envisagée ici, c'est-à-dire comme une étape antérieure à la composition, rentre généralement dans une page.

Il est monolithique et lié:
Le corps de la rédaction est généralement d'un tenant. Il peut n'avoir qu'un seul paragraphe ou plusieurs.
On attaque directement le sujet. Les transitions entre les phrases se font à l'aide des mots de liaison et notamment des conjonctions de coordination.

Il expose:
Au niveau de la rédaction, on développe des idées d'une manière simple et directe. Il faut donc exposer d'une manière claire et logique, principalement à l'aide de la narration et/ou de la description.

Il est un:
Il s'agit de développer les idées en gardant à l'esprit le principe d'unité. Tout ce que l'on écrit doit se rapporter à la même chose, d'une manière directe.

Son sujet est concret:
On trouvera beaucoup plus souvent des sujets concrets qu'abstraits. En effet, la rédaction se pratique à l'âge où l'esprit de l'adolescent n'est qu'au début de sa maturation qui va l'amener vers l'appréhension des idées abstraites. Le sujet concret est le marchepied incontournable vers la composition qui traitera volontiers de sujets abstraits.

Son point de vue est subjectif:
On sollicite souvent dans les rédactions l'expérience propre de l'adolescent, tant au niveau de son vécu que de son observation. On va donc lentement apprendre à mettre une certaine distance avec l'opinion personnelle et ce qu'il écrit pour l'amener finalement à traiter selon un point de vue objectif.

Sa portée est limitée:
Vu que la rédaction expose, on n'entre pas dans des considérations argumentatives où il est question de convaincre, de démontrer, de prouver, de discuter. Il faut surtout narrer et conclure d'une manière simple et directe, sans besoin d'élargir le sujet.

La description

Notion de fréquence

> La notion de fréquence se prête fort bien à la description et notamment à la description de choses passées, des mœurs ou des habitudes des gens. Le rôle des adverbes de fréquence est particulièrement important.

<u>Sujet: la vie de mon grand-père</u>

Code : ==tout mot exprimant la notion de fréquence== est en jaune

Mon grand-père menait une vie très calme très différente de la mienne. ==Autrefois==, tout se faisait lentement. Mon grand-père vivait seul depuis aussi longtemps que je me souvienne. ==Jamais== il ne se levait avant 9 heures du matin. Il aimait faire la grasse matinée et restait ==souvent== au lit jusqu'à 10 heures, ==parfois== 11 heures du matin. Après un petit déjeuner frugal, il lisait la page nécrologique du journal. Les autres nouvelles l'intéressaient peu et, contrairement aux personnes de son âge, il ne regardait que ==rarement== la rubrique météorologique. C'est qu'il sortait peu. ==Parfois==, il se risquait sur la petite terrasse attenante à sa cuisine, où il venait s'asseoir sur un fauteuil de jardin. Mais il ne se sentait pas très à l'aise et portait ==toujours== un chapeau sur la tête, quel que soit le temps. L'après-midi, il faisait ==invariablement== une petite sieste dans son fauteuil à bascule. Il dormait ==rarement== longtemps mais somnolait le plus ==souvent==, la bouche légèrement ouverte, la tête rejetée en arrière et calée contre un petit coussin. Sa vie était-elle triste ? Je ne saurais le dire avec certitude. Il semblait qu'un grand apaisement régnait sur tout son être. Il était ==toujours== affable, ==toujours== aimable, ==jamais== grognon. Un modèle de grand-père en vérité !

Questions
1. Analyser l'effet de la place du mot *jamais* en début de phrase
2. Selon quelle gradation les mots de la structure de fréquence sont-ils présentés ?

Autres sujets possibles:
Décrivez la posologie médicamenteuse d'un malade
Décrivez les conseils d'un médecin à un convalescent souffrant de fracture
Décrivez l'entraînement d'un sportif de haut niveau

Le résumé de livre

Sujet : résumer *le Petit Prince*

Le Petit Prince est l'histoire d'un jeune garçon qui, voyageant de planète en planète, s'arrête un beau jour sur la terre. Il rencontre le narrateur de l'histoire dans le désert du Sahara. S'ensuit alors le récit des pérégrinations du petit prince dans le cosmos et sur la terre avant son arrivée dans le désert. De rencontre en découverte, il devient de plus en plus triste et déçu à mesure que sa connaissance du monde des adultes va s'agrandissant : sur les différentes planètes où il va passer, il rencontre d'étranges individus qui sont successivement le roi, le vaniteux, le buveur, le businessman, l'allumeur de réverbères, le géographe, puis, sur terre, l'aiguilleur et le marchand de pilules. Ils sont tous dépeints sous un côté absurde et ridicule qui fait apparaître le petit prince comme une sorte de grand rêveur qui s'intéresse aux roses et aux couchers de soleil, un poète hors du temps, un penseur imprévisible. Issu d'un autre monde, imbu de valeurs prônant l'amour et la beauté, auréolé de l'innocence et de la pureté de l'enfance, il cherche désespérément à se faire des amis dans un monde qui ignore ses besoins. Il finit par disparaître mystérieusement, subissant une mort libératrice qui, en le faisant regagner la solitude de sa planète, laissera en même temps derrière lui un triste parfum d'espoir et un relent d'optimisme irrésistible.

Questions :
Dans la première phrase, comment sait-on qu'il s'agit d'un résumé ?
Dans la deuxième phase, comment sait-on qu'il s'agit d'un récit ?
Indiquer les mots qui constituent la structure chronologique du texte.
Donner l'idée principale du texte.

Autres sujets possibles :

Résumez une pièce de théâtre de votre choix.
Résumez un film de votre choix.
Résumez une nouvelle de votre choix.
Résumez votre dernier week-end en 100 mots.
Résumez un roman en une page.

La classification

Sujet : Les choses que je déteste dans mon école.

> **Code** :
> En jaune : introduction et conclusion
> Souligné : mots d'introduction aux différentes parties

==Toute école a de bons et de mauvais côtés. Il y a 3 choses que je déteste dans mon école.== <u>La première</u> est la nourriture : j'aime bien le petit déjeuner mais le déjeuner et le dîner laissent vraiment beaucoup à désirer. Il y a là un effort important à réaliser pour améliorer le menu quotidien et pour avoir un plat chaud à chaque repas, ce qui n'est pas systématiquement le cas. <u>La deuxième chose</u> que je n'aime pas est plus importante : c'est la classe de mathématiques: quoique le professeur soit gentil, la classe est très difficile. J'attribue cela bien sûr en grande partie à la matière enseignée qui est très complexe mais je dois avouer que le professeur me semble aussi en cause car ses explications manquent de clarté, pour ne pas dire que c'est parfois totalement inintelligible. <u>La dernière chose</u> que je déteste, c'est l'internat : certes j'apprécie de loger sur place et de n'avoir pas de temps à perdre en transport chaque jour. Mais quand même, ne serait-il pas temps de donner aux internes la même liberté qu'ils ont chez eux ? Pourquoi ce règlement débile qui nous traite comme de jeunes enfants alors que nous jouissons d'une bien plus grande liberté chez nous ? Il serait temps que l'internat évolue et commence à faire plusieurs règlements en fonction de l'âge des étudiants. Il y aurait sûrement moins de problèmes s'il y avait moins d'interdits. Outre ces trois aspects, le reste ne mérite pas vraiment d'être mentionné car ce sont des choses ponctuelles ou vraiment sans importance réelle. ==Je voudrais conclure en précisant que ce n'est pas parce que j'ai expliqué les choses que je déteste dans mon école que je déteste l'école pour autant, loin de là !==

Questions
1. Etudier la structure générale
2. Analyser la structure de chaque partie
3. Lister les mots indiquant une concession
4. Identifier au moins deux concessions dans le texte

Autres sujets possibles:
Décrivez les choses que j'adore dans mon école.
Décrivez les défauts des Français.
Décrivez les qualités des Français.
Décrivez les conséquences de la pollution.

L'inventaire

<u>Sujet: Les raisons de la violence dans la société occidentale</u>

Exemple de mots de transition possibles:			
Tout d'abord	Ensuite	Puis	Enfin
Premièrement	Secondement	Troisièmement	Dernièrement

Il y a <u>plusieurs raisons</u> pour lesquelles la violence règne aujourd'hui dans nos sociétés occidentales. <mark>Tout d'abord</mark>, la grande liberté de nos démocraties contribue en partie à la création des problèmes qui les minent : les régimes totalitaires font de notre monde occidental le champ privilégié de leur violence terroriste provoquant des crises internationales et d'horribles drames humains. <mark>À un autre niveau</mark>, l'acquisition des armes est devenue tellement simple que quiconque peut acheter une arme à feu sans difficulté, ce qui est la cause de nombreuses tragédies familiales. <mark>Ensuite</mark> il y a une certaine complaisance des pouvoirs publics qui, soit par laxisme, soit par intérêt partisan, laissent parfois des foyers de tension se propager sans intervenir afin de mobiliser l'opinion publique dans un sens ou dans l'autre. <mark>Une autre raison</mark> dérive de la crise économique qui engendre une grande pauvreté qui se répand comme une traînée de poudre avec son cortège de problèmes et notamment l'insécurité qu'elle provoque au niveau social. <mark>Pour toutes ces raisons</mark>, la pauvreté dans nos sociétés, cette absurdité désignée sous le nom de quart-monde, est en augmentation constante de même que la violence qui en est la conséquence et qui prend toutes sortes de formes dont la plus inquiétante est sans doute la violence gratuite dont l'assouvissement n'est jamais satisfait.

Questions
1. Identifier les expressions de structure séquentielle (voir page 39)
2. Délimiter les parties du texte
3. Par quelle expression commence la conclusion ?
4. Analyser la conclusion

Autres sujets possibles:
Expliquez pourquoi l'environnement se dégrade rapidement.
Quelles sont les causes principales des accidents de la route ?

Le récit

Sujet: un week-end à Paris

> Le récit progresse naturellement, selon le déroulement de l'action sans ossature chronologique précise. C'est de cette manière que l'on raconte une histoire, selon une structure évolutive libre.

Exemples de mots de transition possibles :   D'abord   ensuite   puis   enfin

Je suis allé à Paris en voyage d'études avec mon école pour un week-end de 3 jours. Nous sommes partis en TGV de Lausanne et nous sommes arrivés à la gare de Lyon en fin de soirée. Là, nous avons pris des taxis pour aller à l'hôtel qui était près de l'Opéra. Ce fut alors le début d'une série d'événements qui devait nous faire nous coucher chaque nuit juste avant l'aube ! Aussi, le lever du lit était chaque jour plus difficile et le professeur devait nous téléphoner plusieurs fois pour nous faire activer. ==Tout d'abord==, le programme incluait quotidiennement une activité culturelle : soit un tour de ville en bus, soit une visite de musée, soit une marche dans les avenues et dans les parcs de la capitale. ==Ensuite==, on était libérés en début d'après-midi pour faire nos courses et utiliser le temps comme bon nous semblait : restaurants, boutiques, musées, visites, etc. Inutile de dire que nous avons mis à profit notre temps libre. ==Enfin==, la nuit avec ses boîtes de nuit, cabarets, spectacles reste le moment privilégié de mon séjour avec un souvenir particulier pour la croisière de nuit sur la Seine. C'était merveilleux ! Il ne manquait que le prince charmant ! Et le souvenir le plus beau est l'intérieur de Notre-Dame de Paris avec la dentelle de ses pierres et la splendeur de ses rosaces. Oui, vraiment, ce week-end est un moment inoubliable. J'ai beaucoup vu et beaucoup appris. Jamais je n'oublierai cette sortie de classe !

Questions
1. Souligner l'introduction
2. Etudier la structure générale à partir des ==mots en jaune==
3. Où commence la conclusion ?
4. Donner l'idée principale du texte

Autres sujets possibles:

Racontez un voyage dans un pays lointain ou exotique.
Racontez la vie de vos grands-parents.
Racontez la vie d'un homme célèbre que vous admirez.
Racontez une anecdote originale.

L'opinion personnelle

Sujet : Que pensez-vous des examens ?

Depuis toujours, les examens font partie de l'école dont ils sont un élément inhérent. Un système scolaire sans examens est une utopie. Si on a parfois essayé de les supprimer de l'évaluation académique, ils ont toujours très vite refait leur apparition. Pourtant, en tant qu'étudiant, je ne leur porte pas un amour excessif. Je peux même dire que je pourrais très facilement me passer complètement d'eux. Je comprends très bien que les professeurs clament la nécessité de les utiliser : cela leur rend le travail tellement plus facile ! Cependant je crois qu'on pourrait attacher moins d'importance aux examens et davantage d'attention aux progrès réalisés par l'élève. On pourrait ainsi avoir des examens ne comportant pas de notes mais uniquement des commentaires personnels fournis et adressés directement à chaque étudiant qui pourrait ainsi apprendre par ses fautes et trouver une dimension éducative à l'administration des examens. Les étudiants seraient certainement beaucoup plus ouverts à une telle approche qui permettrait une certaine évaluation tout en dédramatisant le problème. Avec un système pareil, je crois que je pourrais même aimer les examens. Mais qu'en penseraient Messieurs les professeurs ?

Questions
1 Indiquer quand commence l'opinion personnelle du narrateur.
2 Indiquer les mots de transition.
3 Donner l'idée principale du texte.
4 Où trouvez-vous une légère pointe d'ironie ?
5 En quoi cette composition est-elle un modèle de diplomatie ?

Autres sujets possibles :

Que pensez-vous de l'école ?
Que pensez-vous du clonage ?
Que pensez-vous du mariage ?
Que pensez-vous de l'euthanasie ?
Que pensez-vous de l'acharnement thérapeutique ?

L'opinion personnelle

<u>Sujet : Que pensez-vous de la solitude ?</u>

(Sujet abstrait)

La solitude, cet inévitable compagnon de l'être humain qui peut l'accompagner à différents moments de sa vie, est-elle un fléau à fuir comme la peste ou est-elle un bienfait salutaire à l'équilibre de l'homme ? En ce qui me concerne, je n'ai pas vécu une vie entière pour en avoir longtemps goûté la présence. Certes, je l'ai vécue dans des moments pénibles mais qui n'ont jamais été très longs. Il me semblait qu'alors, le monde se retirait comme la marée descendante, sans possibilité de le retenir. Le sentiment de se trouver seul devant soi, devant sa vie, la possibilité de se poser des questions que le train-train confortable du quotidien anesthésie complètement, tout cela a un côté à la fois excitant et effrayant. Pour ma part, j'ai su en tirer profit et rebondir après ces passages dans le désert. Je pourrais donc dire que la solitude m'a été salutaire et bénéfique. Cependant, je connais beaucoup d'autres personnes, et notamment des personnes âgées, qui vivent la solitude au quotidien, sans espoir réel de pouvoir un jour s'en débarrasser. Elle est vécue comme une hantise pour les gens du troisième âge. Et c'est un fait qu'en y réfléchissant bien, la fin de la vie est une période bien triste pour beaucoup d'entre nous. Il me semble donc qu'il y a un temps pour tout, un temps où l'on puisse tirer profit de la solitude et un temps où on la subit. La sagesse semblerait indiquer à chacun de trouver des intérêts ou des passe-temps assez prenants pour pouvoir au moins en atténuer l'influence et ne pas être totalement soumis à son emprise. Ainsi peut-être est-il possible, avec un savant dosage d'activités sociales et de périodes de retraite, d'arriver à faire une compagne de la solitude ?

Questions
1 Souligner les mots charnière.
2 Identifier une concession.
3 Où se situe le basculement du texte ?
4 Quels sont les mots de transition exprimant une opinion personnelle ?
5 Montrer les deux niveaux de conclusion de ce texte.

Autres sujets possibles :
Que pensez-vous de la mort ?
Que pensez-vous de l'amour ?
Que pensez-vous de la guerre ?

La déduction

Sujet: les causes de la défaite de Waterloo

> La **déduction** commence par énoncer une idée générale (une règle, une cause ou un postulat) dont on fournit ensuite une série d'éléments servant à expliquer, justifier ou prouver la validité de cette idée.
> Les mots et expressions du raisonnement déductif apparaissent en général en fin de raisonnement. On remarque en particulier : donc, en conséquence, ainsi, etc.

Napoléon devait tomber un jour et c'est sur la morne plaine de Waterloo que le Destin l'attendait. Il était inévitable que, tôt ou tard, il mordît la poussière mais ceci n'arriva qu'au prix d'un concours de circonstances incroyables qui ont fait dire à plusieurs historiens que si Napoléon a perdu ce jour-là, c'était parce que Dieu était contre lui. Jugeons plutôt : sans s'étendre sur le fait que l'armée française était numériquement très inférieure à la coalition alliée, – ce fait est coutumier des batailles que Napoléon a livrées –, l'analyse du déroulement de la bataille montre tout d'abord que le temps atmosphérique a considérablement contrarié les plans de Napoléon : les orages diluviens qui ont éclaté la veille de la bataille ont contrecarré ses projets de déplacement de l'artillerie, son arme maîtresse qui décidait souvent du destin des batailles. Ensuite, la trahison d'un berger belge a fait qu'une des deux colonnes de cavalerie qui chargeait l'infanterie anglaise est venue s'écraser dans un chemin creux que le traître avait caché à Napoléon qui ne pouvait le déceler de sa longue-vue. Enfin, l'incroyable incompétence du général Grouchy dont la mission était d'empêcher la jonction de l'armée prussienne en défaite et des troupes anglaises de Wellington, en dépit des recommandations du Général Gérard pour le convaincre de se diriger dans la direction du canon alors qu'il éloignait du champ de bataille des troupes fraîches, a décidé du sort de la bataille par le fait que les troupes prussiennes ont pu venir renforcer les lignes anglaises épuisées en fin de journée. C'est donc par un incroyable concours de circonstances inattendues et incontrôlables que s'est décidé le destin d'une des batailles les plus importantes de l'histoire et dans laquelle l'acteur principal – Napoléon – a été réduit à subir la situation plutôt qu'à l'imposer.

Questions
1 Analyser la progression de la structure déductive.
2 Identifier la prétérition aux lignes 4-5.
3 Montrer les expressions de la structure séquentielle (voir page 39)
4 Montrer le mot indiquant le raisonnement déductif

Autres sujets possibles:
Les causes de la pollution.

L'induction

Sujet: les causes de la défaite de Waterloo

> Avec la **structure inductive**, on commence par développer plusieurs aspects d'un cas spécifique dont, par la suite, on conclut le résultat en tirant une règle générale.
> La partie inductive commencera en général par une expression récapitulative du genre : il ressort donc que… / De tout cela, il apparaît que …

Au cours de la bataille de Waterloo, plusieurs facteurs incontrôlables on joué un rôle capital : tout d'abord, les trombes d'eau qui sont tombées sur le champ de bataille ont compliqué le rôle des états-majors. Ensuite, l'espionnage – ou, comme on dirait aujourd'hui la désinformation – ont provoqué des décisions calamiteuses pour la suite des événements. Enfin, l'attitude aberrante de certains généraux qui ont agi en dépit du bon sens ont provoqué des revers de fortune totalement inattendus. C'est donc ainsi que, d'une part, les conditions atmosphériques ont été telles qu'elles ont empêché Napoléon d'utiliser son artillerie comme il l'entendait. Il a ainsi été privé d'un élément capital de sa stratégie militaire qui lui avait déjà fait gagner maintes batailles. D'autre part, la trahison d'un berger belge a été un autre facteur déstabilisateur dans les plans de l'Empereur français : la charge de la cavalerie a été grandement freinée par le fait qu'une colonne de cuirassiers est venue s'écraser dans un chemin creux dissimulé par le traître à Napoléon. Finalement, l'élément déterminant de la malchance de Napoléon a été l'incompétence criarde du général Grouchy qui a lamentablement échoué dans sa mission d'empêcher la jonction des armées prussienne et anglaise en dépit des recommandations du Général Gérard. Il est donc évident que cet incroyable concours de circonstances toutes défavorables au camp français fournit l'explication de la défaite de Napoléon. Il était écrit que la carrière de l'Empereur s'arrêterait dans la morne plaine de Waterloo.

Questions
1 Analyser la progression de la structure inductive.
2 Quelles sont les différentes étapes de cette structure ?
3 Quelle expression annonce de début de l'induction ?
4 Montrer les expressions de la structure séquentielle (voir page 39)
5 Montrer les expressions de la structure binaire (voir page 39)

Autres sujets possibles :
Les causes d'une situation personnelle.
Les raisons de la découverte de l'Amérique par Christophe Colomb.

F   LA COMPOSITION

Qu'est-ce qu'une composition ?

Passer de la rédaction scolaire apprise à l'école primaire à la composition implique une ouverture d'esprit, une évolution vers un niveau élevé de pensée et d'écriture. La composition doit donc faire apparaître, par sa forme, par son plan, par sa rigueur, ce niveau supérieur de pensée qui permet l'analyse, la nuance et la clarté.

Les caractéristiques suivantes sont des éléments qui entrent généralement dans la composition:

La structure: le corps de la composition est constitué des trois parties majeures selon le schéma conventionnel que sont l'introduction, le développement et la conclusion. La présentation et l'arrangement de ces parties – notamment le développement par la multiplicité de ses paragraphes – est régi par un ensemble de procédés techniques qui font de cet exercice quelque chose de précis et de technique.

Le plan: alors que la structure d'une composition ne varie que peu d'un sujet à l'autre, il n'en est pas de même du plan que chaque élève peut plus ou moins adapter différemment à chaque sujet de composition. Un même sujet peut être traité selon différents plans par différents élèves et avec tout autant de succès.

L'analyse: l'élève qui va développer la composition sur plusieurs pages trouve son inspiration dans l'étude du titre du sujet et du thème général évoqué qu'il convient d'analyser à fond en comptant non seulement sur l'apport de l'expérience personnelle mais aussi sur le simple bon sens ainsi que sur le niveau de culture générale. A partir d'une analyse fouillée doivent surgir de subtiles nuances destinées à faire des comparaisons ou aboutir à des résolutions de problèmes.

L'objectivité: à moins que le sujet de la composition ne sollicite directement une opinion personnelle, il faut garder un point de vue objectif. Dans la composition, on demande généralement un regard impartial sur le sujet étudié. L'élève doit pouvoir se distancer de l'objet qu'il analyse et demeurer un observateur impassible. Ainsi, il lui est demandé de s'extraire de la gangue du subjectivisme qui l'a toujours guidé dans ses jeunes années, d'acquérir un regard nouveau et neutre et donc de prendre du recul par rapport à lui-même. Il est cependant possible et même souhaité d'émettre un avis personnel qu'il est recommandé de réserver pour la conclusion.

L'abstraction: même si le sujet de certaines compositions demeure du domaine du concret, l'objectif évident est d'arriver à traiter des sujets abstraits. Ainsi donc, là où la rédaction restait principalement dans le domaine de la description, de la narration ou dans celui de la subjectivité (opinion personnelle), la composition s'oriente plutôt vers les sujets impersonnels. L'élève qui écrit des compositions doit être capable de jongler avec des idées et non plus simplement des faits afin d'être, dès la première année du lycée, familiarisé quelque peu avec le monde de l'abstraction.

La structure et le plan

« Ce qui se conçoit bien s'énonce clairement » a écrit Boileau. Dans le domaine académique, rien de ce qui s'écrit ne se fait sans un plan.

L'idée du plan est de procurer aux élèves les outils pour structurer leur esprit, leur fournir une approche méthodique propre non seulement à leur donner des idées mais aussi à clarifier celles-ci en les ordonnant.

Tout texte écrit doit être conçu selon un ordre précis. Cet ordre peut être plus ou moins complexe selon que l'on parle d'une rédaction ou d'une composition.

SCHEMA GENERAL : LA STRUCTURE

Cependant, dans tous les cas, il convient de construire le texte autour **d'un schéma général** (aussi appelée structure) qui sera immuablement :

- introduction
- développement
- conclusion

Si la rédaction, qui reste assez simple du point de vue organisationnel, peut se satisfaire assez bien du seul schéma général, il n'en est pas de même de la composition qui, comme son nom l'indique, implique l'existence de plusieurs parties qu'il convient d'assembler en un tout.

Dans une **rédaction**, l'introduction et la conclusion peuvent être réduites à une partie congrue de l'ensemble du texte. Elles ne vont pas nécessairement constituer des parties sous forme de paragraphes distincts. Elles doivent figurer chacune à leur place, ne serait-ce que sous la forme d'une seule phrase.

Dans une **composition**, les trois parties de la structure générale sont physiquement séparées entre elles. Chacune est très importante et a une fonction bien spécifique. Au schéma général, la composition superpose une structure spécifique que l'on nommera **plan.**

PLAN

Il existe un grand nombre de types de plans et, selon le sujet à traiter, il faut choisir le plus approprié. Le plan organise le contenu du texte, sa teneur. Le plan est au texte ce que la charpente est au toit.

Les principaux types de plan qui seront étudiés ici sont :
- le plan chronologique
- le plan inventaire ou classification
- le plan déductif
- le plan comparatif
- le plan dialectique

Il est à noter qu'assez souvent plusieurs plans peuvent se combiner dans un même texte.

Schéma de la structure d'une composition

Introduction   **Elle annonce les 3 aspects suivants:**

1 le thème: - répondre à la question: *quel est le thème à traiter?*
                              Pour écrire la première phrase dans laquelle le thème apparaîtra,
                              choisir un des **8** moyens suivants :
                              (procédé mnémotechnique du : «**cq ge ce pa** = **ce que je sais pas** »)

                                             1. **c**omparaison
                                           2. **q**uestion rhétorique
                                           3. **g**énéralisation
                                           4. **e**xemple (anecdote, fable, histoire…)
                                           5. **c**itation
                                           6. **e**sprit (trait d'-)
                                           7. **p**aradoxe
                                           8. **a**ntithèse

2 l'idée: - répondre à la question: *que dire sur le thème?*

3 le développement: - répondre à la question: *quels sont les divers aspects à débattre?*

Développement   **Il suit un plan précis à choisir en fonction du type de sujet:**

                              Le développement comprend plusieurs paragraphes dans lesquels on présente
                              idées et exemples pour traiter du sujet.

Plan: Dans le développement, il faut appliquer un plan précis parmi les
                              différents modèles existants. Ce plan doit permettre de:

                              - présenter **l'ensemble** selon la manière la plus appropriée et pertinente

                              - présenter les **idées** selon une logique évidente

                              - présenter les **transitions** entre les paragraphes d'une manière claire

Conclusion   **Elle comprend 2 parties distinctes:**

1 synthèse: - répondre à la question: *quelle est la conséquence du développement?*

2 élargissement: - choisir un des **6** moyens suivants pour élargir la conclusion:
                              (procédé mnémotechnique du : « **coq sec** ») :
                                      1. **c**omparaison
                                      2. **o**pinion
                                      3. **q**uestion
                                      4. **s**olution
                                      5. **e**sprit (trait d'-)
                                      6. **c**itation

Conseils pour écrire une composition

STRUCTURE
Tracer un trait horizontal centré après introduction et avant conclusion
Souligner le titre des livres (en italiques sur document informatique)
Ecrire dans un texte de prose déliée : pas de phrase sans verbe, pas de texte télégraphique
Un paragraphe = une idée. Cette idée doit apparaître dans la 1e phrase de chaque paragraphe.

CORRECTION
Relire le texte trois fois en vérifiant chaque fois un aspect spécifique du texte :
une lecture pour les accords verbes – sujets, une lecture pour les accords noms - adjectifs – déterminants, une lecture pour les accents, la ponctuation, le sens, etc.

CITATIONS
Voici le texte à inclure dans une citation : (tiré de *La Symphonie pastorale* de Gide).
« Je préférais qu'elle ne lût pas beaucoup – ou du moins pas beaucoup sans moi – et principalement la Bible, ce qui peut paraître bien étrange pour un protestant. »
Bonnes citations :
- le pasteur préférait qu'« elle ne lût pas beaucoup – ou du moins pas beaucoup sans [lui] – et principalement la Bible, ce qui peut paraître bien étrange pour un protestant ».
- le pasteur préférait qu'«elle ne lût pas beaucoup … peut paraître bien étrange pour un protestant ».
- le pasteur préférait qu'elle ne lût pas beaucoup la Bible.

STYLE
Mauvaises phrases (lourdeurs, phrases superflues, artificielles) :
- Les 2 thèmes dont je vais traiter sont l'amour et le péché dans *la Symphonie pastorale*.
- Le sujet sera traité en deux parties : l'amour et le péché vis-à-vis du pasteur, Gertrude et Jacques.
- Mon développement est en deux parties, la première traite de l'amour et la seconde du péché.

MODÈLE D'INTRODUCTION
L'amour et le péché sont deux des thèmes principaux de *la Symphonie pastorale*. L'influence qu'ils exercent surtout par leur action combinée est énorme et dévastatrice. C'est surtout à travers le Pasteur que ce phénomène se produit, mais à partir de lui, il va affecter la vie de sa maisonnée, notamment celle de son fils Jacques, de sa femme Amélie et bien sûr de Gertrude.

> **Explication de l'introduction :**
> 1e partie : introduction du sujet : amour et péché dans *la Symphonie pastorale*
> 2e partie : annonce de l'idée principale : influence combinée énorme de ces deux thèmes
> 3e partie : présentation du plan : rôle du Pasteur, personnage clé à l'origine des problèmes causés par l'amour et le mal chez Jacques, Amélie et Gertrude.

MODÈLE DE CONCLUSION
L'amour dans *la Symphonie pastorale* est inextricablement lié à la notion de péché : tous les personnages principaux en sont affectés. Gertrude ira même jusqu'au suicide. Ainsi le livre met en évidence la notion ambiguë du Pasteur lorsque ce dernier dit à Gertrude que « le mal n'est jamais dans l'amour ». Peut-on vraiment imaginer que le Pasteur était sincère en disant cela ?

> **Explication de la conclusion :**
> 1e partie : synthèse : dire les effets horribles du péché et de l'amour combinés
> 2e partie : montrer que, dans *la Symphonie pastorale*, le mal est dans l'amour.

Structure de composition
(voir page 151 pour un plan d'exposé oral sur le même sujet)

MES DERNIÈRES VACANCES D'ÉTÉ

L'explication du code de couleurs se trouve dans les questions en fin de page.

INTRODUCTION: 1 annonce du thème 2 annonce de l'idée 3 annonce des thèmes

    1 Durant mes **dernières vacances d'été**, je suis parti pour la Côte basque, à Biarritz exactement. 2 Pendant le mois d'août entier, **je m'y suis terriblement bien amusé**, 3 grâce au **charme** de cette région, aux **gens** que j'ai rencontrés et surtout à … **Sylvie**.

DÉVELOPPEMENT: Chacun des 3 paragraphes suivants traite un des 3 thèmes mentionnés en fin d'introduction : le charme, les gens et Sylvie.
Ces 3 thèmes sont étudiés dans le même ordre que celui de leur présentation.

    Le Pays basque est une destination touristique privilégiée en France car il est empli d'un **charme** tout particulier visible à travers sa cuisine et son **climat** tempéré: ce dernier est un de ses grands atouts: il fait beau tous les jours de mon séjour, d'une chaleur vivifiante et saine qui chauffe sans brûler. D'autre part, la **cuisine** française n'a plus de réputation à se faire et le Sud-Ouest de la France apporte une contribution non négligeable à la réputation culinaire locale et nationale. J'ai mangé dans plusieurs restaurants aux cuisines gasconne, espagnole, et aussi basque. Car il y a trois cultures qui se chevauchent dans ce coin de l'Hexagone et on retrouve tout cela dans l'assiette. Ce que j'ai préféré, c'est la recette du poulet basque et surtout celle du gâteau basque. Quel délice !
    Outre mes amis de Biarritz, j'ai fait la connaissance de **gens** venus du monde entier car la région est très cosmopolite et attire une foule très internationale surtout l'été. Comme je suis un fanatique du surf, c'est par là que j'ai rencontré beaucoup d'Américains d'Hawaii, de Brésiliens et de Néo-zélandais, tous plus fanatiques que moi: certains vivent dans un minibus près de la côte pour profiter au maximum des jours de bonne glisse ! Le monde des surfeurs est vraiment unique et sans l'attrait de ce sport aquatique, je ne serais probablement pas venu dans cette région.
    Je me croyais le plus heureux du monde entre mes copains, mes petits repas exotiques et la glisse sur les meilleures vagues d'Europe jusqu'au soir où j'ai rencontré **Sylvie**. C'était dans une boîte de nuit, près de la plage. Ce fut un véritable coup de foudre: du jour au lendemain, plus rien ne m'intéressait si Sylvie n'était pas présente et je n'arrivais pas à me concentrer sur ma planche si je ne me savais pas observé par elle depuis la plage. Notre idylle a duré jusqu'à la fin du mois d'août, au moment difficile de la séparation.

CONCLUSION: 1 synthèse: donner la conséquence du développement   2 élargir
1 Après de telles vacances, je n'ai plus qu'un seul et unique désir: **retourner à Biarritz dès la fin de l'année scolaire prochaine** pour y repasser tout l'été si possible. 2 En effet, depuis que j'ai appris que Sylvie va aussi y retourner en juillet prochain, puis-je envisager un autre endroit où je puisse être aussi heureux entre la glisse et l'amour **?** Vive le Pays basque !

Analyse de texte
1 Paragraphe 1:   quel est le **thème de ce sujet** ? ou : de quoi parle ce sujet ?
2 Paragraphe 1:   quelle est **l'idée de ce sujet** ? ou : que dit l'auteur sur le thème ?
3 Paragraphe 1:   quels sont les **différents aspects de l'idée principale** à discuter ?
4 Paragraphes 2/3/4: quels sont les **thèmes** étudiés dans le développement ?
5 Paragraphe 2:   quels sont les **sous- thèmes** étudiés dans ce paragraphe ?
6 Paragraphe 5:   quelle est la **conséquence** de ce qui a été dit dans le développement ?
7 Paragraphe 5:   quel **moyen** a été utilisé pour présenter l'élargissement ici ?

Catégories de plan de composition

C'est vers la fin du collège que l'élève commence à s'initier à la composition d'un texte. Il apprend à ordonner ses idées d'une manière simple et logique et à rédiger un texte.

Le besoin de structurer sa pensée s'impose à lui à l'âge où l'apparition de plus en plus fréquente de notions abstraites met souvent l'esprit en émoi. Il lui faut créer un moule où couler ses idées : **il lui faut structurer sa pensée pour penser la structure de ses écrits.**

Notre objectif est d'aider le jeune lycéen, - voire le collégien - à évoluer de la simple rédaction scolaire vers l'acquisition des structures mentales nécessaires à l'écriture d'une composition construite sur un plan préalable.

Suivre un plan c'est s'assurer d'une unité de pensée et d'un raisonnement logique par la mise en place d'un système d'idées cohérentes. De plus, c'est stimuler l'imagination et ajouter d'autres idées auxquelles on n'aurait peut-être pas songé sans cet exercice préalable de construction d'un plan. Ainsi, la pratique d'une telle méthode est susceptible de donner de la confiance à l'élève afin de pouvoir conjurer le sentiment d'impuissance et de frustration qui s'abat souvent sur lui lorsqu'il est en panne d'inspiration devant la feuille blanche.

Il existe 5 **catégories** principales de plan :
1. le plan chronologique
2. le plan inventaire
3. le plan par inférence
4. le plan comparatif
5. le plan dialectique

A l'intérieur de chaque catégorie existent plusieurs types de plans.

La rédaction de toute composition passe par la préparation du plan, c'est-à-dire l'ordre logique de présentation des idées. De là découle la clarté du texte.

Pour créer plus facilement, nous avons fait recours au code de couleurs suivant :
- **en rouge les schémas de plan** qui sont la colonne vertébrale du plan.
- **en bleu les éléments essentiels de ces plans**, notamment les thèmes majeurs.

La composition de textes à teneur analytique ou argumentatif est un art qui nécessite beaucoup d'attention et de travail de la part de celui qui écrit. Dans cette optique-là, écrire à partir d'un plan, c'est concevoir les choses justement et s'efforcer d'organiser ses pensées logiquement; en un mot, c'est appliquer ce que le maître Boileau voulait dire par sa célèbre maxime de *l'Art poétique:*

> **Ce que l'on conçoit bien s'énonce clairement,**
> **Et les mots pour le dire arrivent aisément.**

Plan chronologique : modèles de plan

Le plan chronologique est utilisé pour **raconter** une histoire, un récit, une narration au fil du temps.

A PLAN PROGRESSIF

C'est le plan le plus utilisé. On part de l'origine, du tout début et l'on progresse vers le futur en suivant l'ordre dans lequel les faits se sont produits.

Sujet : UN VOYAGE D'ÉTUDES À PARIS

Développement:

I	le 1er jour	vendredi	le matin…	l'après-midi,…	le soir, …
II	le 2e jour	le lendemain,…	ce soir-là…		
III	le 3e jour	dimanche	le matin,…	ensuite…	puis…

Explication: chacun des trois paragraphes du développement présente un des 3 jours du voyage dans l'ordre **progressif** de la semaine.

B PLAN COMPTE A REBOURS

Il est beaucoup plus rare. Ce plan présente la progression des faits en suivant fidèlement le cours du temps. Cependant, tous les moments listés sont calculés par rapport à un point situé dans le futur. En commençant le décompte du temps en-deçà de ce point, le compte à rebours fait qu'on s'en approche par étapes successives jusqu'au moment de l'arrêt final du décompte qui correspond avec la fin du compte à rebours. Ce plan se justifie pleinement lorsqu'il s'agit de satisfaire à des critères techniques où la rigueur s'impose, par exemple dans une enquête policière.

Sujet : L'ANNÉE DU BACCALAURÉAT

Développement:

I	10 mois avant l'examen	inventaire du contenu des différentes disciplines
II	Dès novembre	préparation des fiches de résumé
III	6 mois avant l'examen	résumé des cours suivis depuis septembre
IV	En février	résumé des cours suivis depuis Noël
V	3 mois avant l'examen	révision des résumés des cours faits avant Noël
VI	1 mois avant l'examen	révision de toutes les fiches de résumé

Explication: les six étapes temporelles sont présentés sur six paragraphes. Chaque étape annonce un repère temporel par rapport à une date spécifique dans le futur.
Tous ces repères sont listés selon un ordre chronologique régressif du plus éloigné au moins éloigné par rapport à la date limite.
C'est la technique du compte à rebours qui apporte une certaine note dramatique.

Plan chronologique

LE PETIT PRINCE

Le Petit Prince est l'histoire fantastique d'un jeune garçon – le petit prince – qui, voyageant de planète en planète, s'arrête un beau jour sur la terre. Ce voyage est en fait initiatique et le petit prince va aller, au contact de ses rencontres pendant son périple, de découverte en découverte. Son séjour sur la terre sera particulièrement intéressant et le prélude à son retour définitif sur sa planète.

Les pérégrinations du petit prince amènent ce dernier sur la terre où on le découvre dans le désert du Sahara. C'est d'ailleurs là, au milieu de cette étendue stérile, qu'il rencontre le narrateur de l'histoire avec qui il a un rapport plutôt distant, mais cependant assez personnel pour pouvoir en être compris. Au cours de son voyage interplanétaire, il devient de plus en plus triste et déçu à mesure que sa connaissance du monde des adultes va s'agrandissant: sur les différentes planètes où il va passer, il rencontre d'étranges individus qui sont successivement le roi, le vaniteux, le buveur, le businessman, l'allumeur de réverbères, le géographe, puis, sur terre, l'aiguilleur et le marchand de pilules.

Tous ces êtres sont dépeints sous un côté absurde et ridicule qui fait apparaître le petit prince, par contraste, comme une sorte de grand rêveur intéressé par les roses et les couchers de soleil, un romantique impénitent et gentiment naïf, un poète hors du temps, un penseur imprévisible, enfin un extra-terrestre, pourrait-on presque penser.

Issu d'un autre monde, imbu de valeurs prônant l'amour et la beauté, auréolé de l'innocence et de la pureté de l'enfance, le petit prince cherche désespérément à se faire des amis dans un monde qui ignore ses valeurs et dans lequel il n'est pas à sa place. Cependant il fera des rencontres intéressantes: d'une part, le renard deviendra son ami durant son séjour sur terre; d'autre part, le serpent qui lui instillera son venin mortel – agissant d'ailleurs plus pour son bien qu'autre chose – ne lui inspire aucune crainte mais plutôt une certaine attirance. On remarque toutefois que ces rencontres-là ne sont pas avec des humains mais avec des animaux. Ceux-ci seraient-ils donc plus humains, plus sensibles que les hommes?

Le dénouement du livre voit le petit prince disparaître mystérieusement, subissant une mort libératrice qui, en lui faisant regagner la solitude de sa planète qu'il avait quittée dans l'espoir de trouver des mondes meilleurs que le sien, laissera en même temps derrière lui un mélancolique parfum d'espoir et un souffle d'optimisme irrésistible. Sur sa planète, il retombe dans sa vie antérieure faite de régularité et de simplicité, loin des hommes et de leurs complications.

Analyse du texte:

1   Quels sont les éléments constitutifs du plan chronologique ?
2   Au paragraphe 2, à quoi sait-on qu'il s'agit d'un récit?
3   Mettez en évidence l'expression antithétique sur laquelle est bâti le paragraphe 3.
4   Au paragraphe 4, quels sont les mots de transition interne?
5   Commentez la conclusion du paragraphe 4.
6   Dans la conclusion, relevez l'antériorité dans le temps.
7   Quels sont les mots (paragraphes 2 et 5) qui montrent qu'il s'agit du résumé d'un récit ?
8   Quelle vision peut-on tirer de ce résumé du *Petit Prince* sur la nature de l'homme?

Plan inventaire : modèles de plan

Le plan inventaire est utilisé pour **exposer** un ensemble complexe. Il convient de faire des dénombrements et de décomposer les grands ensembles en petites unités.

A PLAN CLASSIFICATION

Ce plan est légèrement plus complexe car il consiste à regrouper en thèmes, catégories ou centres d'intérêt et donc à classifier les objets étudiés. Une liste est établie dont chaque paragraphe du développement traitera un des éléments.

Sujet : LES LIVRES DE MA BIBLIOTHÈQUE

Développement :
I	catégorie 1	les livres pour enfants
II	catégorie 2	les livres scolaires
III	catégorie 3	les romans policiers
IV	catégorie 4	les classiques

Explication: la classification comprend ici quatre groupe de livres bien distincts. Chaque groupe de livres est traité dans un paragraphe différent. L'ordre de ces livres est établi non par un classement numérique mais par un **regroupement thématique** (par types de livres) doublé d'un **ordre chronologique** (les livres d'enfance, puis scolaires, ensuite les romans policiers que je lis actuellement et enfin les classiques pour plus tard).
On peut aussi lister ces 4 groupes selon plusieurs autres critères comme l'ordre croissant préférentiel (voir plan évolutif ascendant ci-dessous) ou encore selon le degré d'utilisation des livres au moment de la classification.

B PLAN ÉVOLUTIF ASCENDANT

C'est le plan le plus utilisé. On part de l'élément le plus insignifiant ou qui a la moindre importance et on va listant les éléments les uns après les autres en les plaçant selon l'ordre croissant d'importance. L'avantage de ce plan est de terminer la démonstration par l'aspect majeur de la série, ce qui laisse une forte impression au lecteur à la fin de sa lecture.

Sujet : UN VOYAGE D'ÉTUDES À PARIS

Développement :
I	peu d'intérêt	Eurodisney
II	un peu plus d'intérêt	Atmosphère de Paris
III	un peu plus d'intérêt	Monuments de Paris
IV	encore plus d'intérêt	Palais de Versailles

Explication: L'évolution ascendante montre chaque étape sous un jour toujours plus positif.
Ici, chacun des quatre paragraphes du développement présente un aspect de Paris vu par un étudiant qui semble s'intéresser plus à l'histoire et aux monuments qu'aux aspects ludique et récréatif offerts par la capitale française.

Commentaire : plan idéal lorsqu'on a une liste de thèmes à présenter ; l'ordre de présentation des thèmes doit être clair et logique, car il est le fil conducteur de l'arrangement des idées.

Plan inventaire

LES DIFFÉRENTES PHILOSOPHIES DE LA VIE

Tout le monde a une attitude philosophique devant la vie, même si l'on n'en est pas conscient, car vivre, c'est déjà philosopher. Le fait même de rejeter tout système philosophique est en soi une attitude philosophique. Il n'est pas toujours facile de choisir un système philosophique spécifique devant le grand choix auquel on est confronté.

Il y a certaines personnes qui adoptent une attitude stoïque: serrer les dents et ne jamais se laisser abattre devant l'adversité. L'endurance devant la douleur physique ou morale est ce qui sous-tend ces gens-là qui ont pour devise ce que les yeux du loup de Vigny montraient : «souffre et meurs sans parler».

D'autres jettent sur le monde un regard cynique et se croient au-dessus des contingences terrestres. Pour eux, tout est un tissu d'absurdités et devant ce chaos incompréhensible, il n'y a que l'attitude à la fois détachée et insolente qui semble être la plus appropriée.

Mais d'autres ont choisi une voie différente devant le mystère de la vie: ils pensent que tout est joué d'avance et que leurs actions ne changeront rien à ce qui est prédestiné. Aussi, comme Jacques le fataliste, ils croient que tout était écrit et que, quoi que l'on fasse, on ne fait qu'accomplir son destin.

D'autres encore se jettent dans le matérialisme à corps perdu. La société de consommation favorise grandement cette solution où l'argent devient le centre de tout et le rendement la condition nécessaire pour vouloir toujours plus, acheter toujours plus, posséder toujours plus, sans aucune limite à cette frénésie de désir de possession.

Il y a aussi tous ceux (et il semble qu'ils soient de plus en plus nombreux) qui évacuent tous les problèmes en se plongeant dans l'épicurisme: la seule recherche du plaisir et sa satisfaction – immédiate si possible – demeurent le but unique à atteindre sur cette terre. Il est assez facile de concilier cette attitude philosophique avec le matérialisme.

Certains autres se lancent dans la quête idéologique et essaient de trouver un sens à leur vie dans la contemplation spirituelle ou l'action politique. Mystiques, croyants, prosélytes, militants, tous avancent dans la voie qui leur montre la solution et tous ne croient plus que par ce seul chemin. Il ressort de tout cela que vivre selon un seul système philosophique peut sembler très restrictif: en réalité, beaucoup de gens adoptent soit un mélange de certaines de ces philosophies, soit une distanciation d'avec tous ces systèmes en voulant n'en adopter aucun, et ce faisant, en épousant un tout nouveau, soit tout simplement en vivant ou en survivant sans se poser de question ardue et par là même peut-être adoptant la philosophie la plus sage: laisser-faire.

Analyse de texte:
1. Combien de différentes philosophies sont présentées en détail ici? Lesquelles?
2. Selon quel ordre les différentes philosophies sont-elles classées?
3. Identifiez 2 philosophies qui vont souvent de pair.
4. Quelle est la philosophie qui est en constante progression?

Plan par inférence : modèles de plan

Le plan par inférence se décline principalement sous forme de déduction et d'induction.

I LA DÉDUCTION

PENSÉE DÉDUCTIVE : Jean est triste (conséquence) parce qu'il a des problèmes (cause).

PLAN DÉDUCTIF : problème – cause(s) – solution(s)

Sujet : LES CAUSES DE LA POLLUTION

Introduction:	**problème**	aujourd'hui, la pollution est un grave problème pour l'humanité.
Développement:		
I l'eau:	**1e cause**	les rivières recueillent rejets domestiques, nitrates et ammonium
	conséquence	la qualité de l'eau laisse à désirer
II les plages:	**2e cause**	les plages sont polluées par les égouts des villes et par les rivières
	conséquence	malgré des progrès, les efforts d'épuration sont insuffisants
III l'air:	**3e cause**	pollution de l'air par dioxydes (soufre/plomb) et hydrocarbures
	conséquence	l'air est empoisonné ; il attaque les poumons et les monuments
Conclusion:	**solution**	pour limiter la pollution, il faut faire payer les pollueurs

Explication: On **introduit** le problème à résoudre en présentant ses conséquences diverses.
Ensuite, on **développe** les causes du problème ainsi que leurs conséquences.
Enfin, on **conclut** en proposant une solution au problème posé.

Avantages : ce type de plan est très clair et couvre tous les aspects liés à un problème donné.

II L'INDUCTION

PENSÉE INDUCTIVE : Jean a des problèmes (cause), **donc** il est triste (conséquence).

PLAN INDUCTIF: cause(s) – conséquence(s)

Sujet : L'HISTOIRE DE MA VIE RÉCENTE

Introduction:	**généralité**	récemment, ma vie a été remplie de faits significatifs
Développement:	**1e cause**	il y a deux ans, je me suis cassé la jambe
	2e cause	puis, ma petite amie m'a quitté
	3e cause	enfin, l'été dernier, j'ai perdu mon emploi
Conclusion:	**conséquence**	aujourd'hui, je suis triste et déprimé

Remarque : ce plan est assez rare et plus difficile à écrire.

Plan déductif

LES CAUSES DE LA POLLUTION

Le 20ᵉ siècle a vu notre planète subir d'énormes changements dont l'un des plus inquiétants est sans nul doute l'apparition de la pollution. Celle-ci, qui représente un grave danger pour l'homme, est le produit de plusieurs facteurs qui proviennent, en dernière analyse, de l'envie du profit. Elle se manifeste au niveau des plages où l'on se baigne, de l'eau qu'on boit et de l'air qu'on respire.

La pollution des plages est peut-être celle qui nous touche le moins car elle ne nous concerne que pendant une brève période de l'été, lorsque nous allons en vacances. Depuis les années 70, la qualité de l'eau est certes en constant progrès. En effet, les communes ont fait d'importants investissements dans les stations d'épuration. Les contrôles, grâce à leur fréquence, et à la précision des instruments de mesure, sont devenus très fiables et donnent des résultats d'une grande rigueur scientifique. Cependant, le combat est loin d'être terminé et la pollution des plages, quoique en recul, existe encore.

Une autre pollution encore plus sensible est celle de l'eau que l'on boit. Comme on en consume sans cesse davantage, elle devient de plus en plus précieuse. Or, un tiers des effluents liquides des usines et la moitié des rejets domestiques finissent dans les rivières alors que 50 % de la population n'est toujours pas raccordée à une station d'épuration. De plus, l'eau recueille les nitrates produits par les engrais ainsi que l'ammonium issue de la dégradation des pesticides. Tout ceci fait que la qualité de l'eau laisse de plus en plus à désirer: les rivières sont polluées, les nappes phréatiques menacées et il devient de plus en plus hasardeux de boire l'eau du robinet.

Enfin, l'air que nous respirons et qui nous donne la vie est un air de plus en plus empoisonné: les usines brûlant du charbon ou du fioul chargé en soufre et les cheminées d'immeubles crachant des fumées brunes rejettent dans le ciel leur poison, ce qui provoque le brouillard, ce smog qui nappe le ciel des villes. Grâce à des mesures urgentes, les dioxydes de soufre et de plomb ont nettement diminué. Mais voici que la combustion des hydrocarbures dans les moteurs des véhicules devient une menace encore plus pressante: la teneur de l'air en oxyde d'azote aggrave les troubles respiratoires et circulatoires et ronge les poumons et les monuments. On a certes institué une surveillance renforcée et appliqué de nouveaux plans de circulation mais il n'y toujours pas de solution satisfaisante à ce brûlant problème.

De tout cela, la menace la plus grave semble être la disparition progressive de la couche d'ozone qui entraîne un réchauffement de la planète, lequel va entraîner une montée des eaux qui provoquera des catastrophes en série. Pour arrêter cette dégradation de la nature, une mesure s'impose, énergique, rapide et drastique: il faut faire payer les pollueurs au prorata de la pollution qu'ils génèrent. Cela fera reculer certains dans leur degré de pollution car ils préféreront investir dans la prévention de la pollution. Les autres qui paieront pour leur pollution fourniront les moyens financiers d'agir pour faire diminuer la pollution par des mesures nécessaires.

Analyse de texte
1. Quelle est la conséquence actuelle de l'apparition de la pollution?
2. Où apparaît-elle dans le texte?
3. Quelles sont les diverses causes qui ont provoqué cette conséquence?
4. Quelle est la solution préconisée au problème de la pollution?
5. Où apparaît-elle dans le texte?

Plan déductif : schéma de plan suivi du plan

Sujet : Le tabagisme

plan déductif II : problème / causes / solution(s)

SCHÉMA	PLAN
I Introduction	**I INTRODUCTION**

problème	**effets désastreux de la cigarette sur la santé :**
	  - cancers des poumons, de la gorge, de la langue …
	  - troubles psychiques
	  - effets pervers du tabagisme passif
	- **pourquoi** le tabagisme est-il donc si populaire chez les jeunes ?
	- **pourquoi** le monde politique ne bouge-t-il pas ?
	- **comment** diminuer, voire stopper, l'influence néfaste du tabagisme ?

II Développement	**II DÉVELOPPEMENT**

cause 1	**conformisme social** (chez les jeunes spécialement)
	  1. effet de mode ou contenance sociale
	  2. conformité au groupe

conséquence	**embrigadement systématique de nouveaux fumeurs**
cause 2	**pression politique des cigarettiers** - force économique de l'industrie du tabac
conséquences	1. complaisance des élus politiques 2. influence paralysante des lobbies financiers
cause 3	**laxisme législatif et social** -hypocrisie du système :« …nuit gravement à la santé »
conséquences	1. sentiment de relativisme (fumer n'est pas mauvais) 2. sentiment d'impunité (fumer n'est pas grave)
III Conclusion	**III CONCLUSION**

solution(s)	**interventionnisme étatique :**
	  - prévention : accroissement constant de la prévention
	    - campagne de prévention à l'école
	    - campagne de prévention publicitaire
	  - répression : renforcement des restrictions
	    - bannissement des lieux publics
	    - hausse des prix du paquet de cigarettes
	    - limitation de vente (relèvement de l'âge)

Plan inductif

L'HISTOIRE DE MA VIE RÉCENTE

La vie est remplie de choses inattendues et l'on passe très souvent par des phases aussi surprenantes que différentes les unes des autres. Je sors d'une période très spéciale et je puis dire que, en ce qui me concerne, les dernières années que j'ai vécues m'ont spécialement marqué car je viens de vivre toute une série d'événements très significatifs.

Il y a deux ans, tout allait bien: j'étais heureux, confiant et optimiste pour mon avenir quand soudain, je me suis cassé la jambe en skiant. L'ironie de ceci est que je suis un très bon skieur et je n'aurais jamais pensé qu'une chose aussi absurde pouvait m'arriver. Pourtant je suis tombé, et de la manière la plus inattendue, sur une surface plane et sans personne autour de moi qui aurait pu me gêner ! Quand je pense à cette histoire, je ne comprends toujours pas comment une telle chose a pu m'arriver.

Comme j'approchais de la fin de ma convalescence et qu'on venait de m'ôter le plâtre, au moment même où j'avais des raisons d'envisager l'avenir avec quelque optimisme, un autre coup m'a frappé: ma petite amie m'a quitté. Ceci était totalement inattendu car j'avais l'impression qu'elle et moi, nous nous entendions bien. Un jour, j'ai trouvé sur la table de la salle à manger une note qui disait: *«Je ne peux plus rester. Notre temps ensemble a été fantastique mais ... j'ai besoin de quelque chose de nouveau. Désolée !»* Je ne pouvais pas en croire mes yeux, et jusqu'à aujourd'hui, je ne sais toujours pas exactement pourquoi elle m'a vraiment quitté. Mais comprendre les femmes est peut-être le défi le plus grand pour les hommes !

Je suis entré dans une dépression qui a duré plusieurs mois et ce n'est qu'au printemps dernier que j'ai commencé à surmonter ma tristesse – et ma colère –. J'avais recommencé à sortir, à faire un peu de sport et à revoir des amis. Mais c'est à peu près à cette époque-là que j'ai reçu le coup le plus dur: j'ai perdu mon emploi. La crise économique frappait durement mon secteur professionnel: la compagnie pour laquelle je travaillais a dû restructurer comme l'on dit, et j'étais parmi les licenciés. Je n'avais rien à me reprocher mais il n'y avait rien que je ne pouvais faire sinon accepter le plan de licenciement proposé par l'entreprise et me mettre à la recherche d'un autre emploi. Voilà le triste sort des travailleurs dans un monde capitaliste !

Tous ces événements qui me sont arrivés m'ont bien sûr affecté profondément. J'ai sombré dans une attitude de profonde tristesse et je suis passé par une période très difficile. Mais cela m'a forcé à réfléchir et à voir la vie sous un aspect différent avec, comme conséquence, le fait que j'ai appris à être très prudent et réservé et à ne pas m'exciter inutilement pour tout ce qui concerne l'avenir. J'ai même développé une nouvelle philosophie qui est: laisser-faire.

Analyse de texte

1. Dans l'introduction, en quoi le mot: «significatifs » est-il particulièrement approprié pour un plan inductif ?
2. Quels sont les «événements significatifs» développés?
3. Quelle est la conséquence des problèmes endurés?
4. Où se trouve mentionnée cette conséquence? Pourquoi?

Plan comparatif : modèles de plan

C'est le plan utilisé pour **faire ressortir les ressemblances et les différences** entre deux objets.
Les **Termes de Comparaison (TC)** sont les 2 objets à comparer, par exemple: le football et le rugby.
Les **Points de Comparaison (PC)** sont les aspects spécifiques aux deux termes de comparaison.

A PLAN BINAIRE: LE FOOTBALL ET LE RUGBY

Introduction : Le foot et le rugby ont de grandes ressemblances et de nombreuses différences.

Développement:

A Les **ressemblances**
- I   PC1   **Aspects du jeu**:   **football & rugby :**   statut; terrain extérieur; but du jeu
- II   PC2   **Sports d'équipe**:   **football & rugby :**   nombre de joueurs; esprit d'équipe
- III PC3   **Popularité**:   **football**: établie :   **rugby**: grandissante
- IV   PC4   **Violence**:   **football**: un fléau : **rugby**: un malentendu

B Les **différences**
- I   PC1   **Aspects du jeu**:   **football & rugby**: taille du terrain; forme du ballon
- II   PC2   **Sports d'équipe**:   **football**: 11 joueurs; **rugby**: 15 joueurs
- III PC3   **Popularité**:   **football**: ancienne et établie; **rugby**: récente et rapide
- IV   PC4   **Violence**:   **football**: dans les gradins; **rugby**: sur le terrain

Conclusion : Il existe de moins en moins de ressemblances entre ces sports.

Avantages: ce plan présente clairement ressemblances et différences des PC pour chaque TC.
Inconvénients: la distance dans le texte entre la présentation des ressemblances et les différences d'un même PC rend la comparaison globale (ressemblances + différences) difficile à faire.

B PLAN SÉQUENTIEL: LE FOOTBALL ET LE RUGBY

Introduction

Développement:

A   TC 1   *Le FOOTBALL*
- I   PC1   **Historique**:   né au début 19e siècle; sport professionnel depuis longtemps
- II   PC2   **Technique**:   ballon rond, sport de mouvement, prévisible
- III PC3   **Popularité**:   mondiale en constante augmentation
- IV   PC4   **Violence**:   hooligans dans les gradins

B   TC 2   *Le RUGBY*
- I   PC1   **Historique**:   né au 19e siècle, après le football; professionnel depuis peu
- II   PC2   **Technique**:   ballon ovale, sport de contact, et d'adresse; imprévisible
- III PC3   **Popularité**:   devient très populaire surtout depuis 1987
- IV   PC4   **Violence**:   un malentendu: sport viril mais correct

Conclusion: le rugby, un sport plus complexe mais plus varié.

Avantages: ce plan présente clairement les PC d'un même TC dans une même partie.
Inconvénients: il est difficile de comparer le même PC dans les deux TC car ils sont éloignés.

Plan comparatif binaire

LE FOOTBALL ET LE RUGBY

> Le fil conducteur du plan de la composition est indiqué par les mots sur fond de couleur grise.

Le football et le rugby sont deux sports très en vogue de nos jours. Ils sont tous deux nés en Angleterre, ce qui peut expliquer qu'ils aient des ressemblances. Mais malgré leur commune origine, ils offrent de grandes différences tant au niveau technique que sociologique.

Le football et le rugby, qui sont maintenant tous deux des sports professionnels, présentent d'intéressantes ressemblances. Ainsi, au niveau du jeu, ces deux sports se jouent en extérieur sur des terrains de sports qui font que les joueurs doivent beaucoup courir et se dépenser pendant deux mi-temps sensiblement de la même longueur. Dans ces deux sports, il faut se passer un ballon pour essayer de marquer contre le camp adverse.

Les joueurs de ces deux sports se présentent au sein d'une équipe nombreuse qui compte plus de 10 joueurs. Avec une telle abondance de joueurs, il est difficile aux stars de briller par leur talent individuel – quoique cela soit quand même possible – car le succès passe d'abord et surtout par la cohésion du groupe, par le travail du collectif autour d'un capitaine qui prend les décisions sur le terrain.

La popularité de ces deux sports n'est plus à démontrer: celle du football notamment: la vitesse à laquelle se répand ce sport dans tous les pays et dans tous les milieux est impressionnante. Des zones où autrefois le ballon rond était pratiquement inconnu – notamment en Asie – sont devenues en très peu de temps des régions où la fièvre de ce sport a tout révolutionné. Pour sa part, le rugby a suivi, durant les récentes années, une évolution quantitative impressionnante sur plusieurs théâtres comme l'Europe de l'Est et l'Asie. Cet éveil rugbystique a surgi à la suite de la création de la première coupe du monde de rugby en 1987 ainsi que de l'instauration récente du statut professionnel de ce sport resté amateur jusqu'aux toutes dernières années du 20e siècle.

Enfin, on ne peut pas ne pas parler de la violence concernant ces deux sports. La violence qui existe autour du football s'exerce dans les gradins parmi les hooligans dont les débordements inquiètent les gouvernements qui doivent agir avec fermeté pour les maîtriser. En ce qui concerne le rugby, la violence – s'il existe une telle notion dans ce sport – est sur le terrain dans les contacts entre joueurs de ce sport de conquête et de choc. C'est ce qui lui donne un aspect de sport de combativité… maîtrisée.

Ainsi donc, il est évident que ces deux sports ont, d'une manière générale, des ressemblances évidentes. Cependant, ce sont les différences qui sautent surtout aux yeux.

Le terrain de rugby est plus long que le terrain de football, surtout si l'on y ajoute la surface de l'en-but derrière les poteaux sans équivalent en football. Cet élément, ajouté au fait que le rugby est un jeu de contact viril alors que le football est plutôt un jeu d'évitement explique peut-être que le match de rugby dure deux mi-temps de 40 minutes contre deux mi-temps de 45 minutes pour le football. De plus, la grande différence entre ces deux sports consiste dans la forme du ballon: rond pour le football et ovale pour le rugby. Cette singularité entraîne tout le reste car là où le football reste un sport assez prévisible, le rugby, à l'image des rebonds inattendus et incontrôlables du ballon, demeure un sport où l'imprévisible reste incontournable.

… / …

Le nombre de joueurs d'une équipe de rugby est de 15 (abstraction faite du rugby à XIII) alors qu'il est de 11 au football. La différence de quatre joueurs peut sembler minime, mais elle a une grande signification au niveau de la couverture du terrain. Il semble qu'en rugby, la spécialisation du joueur (attaquant ou défenseur, avant ou arrière) soit plus marquée qu'en football par la différence essentielle des positions de jeu qui exigent de forts gabarits à certains postes et des gabarits plus modestes à d'autres.

La popularité du football est établie depuis longtemps déjà. Cependant, ce sport continue sa progression constante tout en consolidant ses positions dans les pays depuis longtemps acquis à sa cause. Il a maintenant une dimension planétaire indiscutable. En ce qui concerne le rugby, il convient de relever que, durant les récentes décennies, son ascension a été impressionnante et qu'il jouit d'un regain de ferveur depuis qu'il a entrepris de devenir un sport moderne. Il n'en demeure pas moins en retrait par rapport au football et son audience est beaucoup plus restreinte.

Enfin, que dire des hooligans, ces fanatiques de la violence qui hantent les stades de football? Véritable phénomène sociologique, ces hordes de casseurs constituent une énigme et un véritable défi pour les démocraties. Le rugby, lui, jouit d'une réputation très différente: il est courant de voir des familles avec enfants assister à des rencontres où l'ambiance dans les gradins est très conviviale. La seule violence consiste dans la lutte que se livrent les joueurs entre eux pour la possession du ballon et qui pourrait peut-être bien posséder une vertu cathartique par le spectacle de ce «sport de voyous pratiqué par des gentlemen».

Ainsi, on peut donc affirmer qu'il ne reste pas grand-chose aujourd'hui de l'origine commune de ces deux sports. En fait, plus le temps passe, plus leur popularité semble s'affirmer au niveau planétaire et plus leurs différences se font grandes.

Analyse du texte

1 Selon quel raisonnement est construit le deuxième paragraphe?
2 Montrez le développement interne du dixième paragraphe.
3 Au paragraphe 10, quels arguments sont développés pour atténuer la violence dans le rugby ?
3 Mettez en évidence l'aspect binaire du plan.
4 Où la composition bascule-t-elle?
5 Quel est le mot qui marque bien ce basculement?
7 Quel est le danger de ce type de plan?

Plan comparatif séquentiel

LE FOOTBALL ET LE RUGBY

> Le fil conducteur du plan de la composition est indiqué par les mots sur fond de couleur grise.

Le football et le rugby sont deux sports très en vogue de nos jours. Ils sont tous deux nés en Angleterre au 19ᵉ siècle, ce qui explique certaines ressemblances entre eux. Mais malgré leur commune origine, le football offre de grandes différences tant au niveau technique que sociologique par rapport au rugby.

L'histoire du football moderne débute au cours du 19ᵉ siècle. Le premier match international officiel s'est joué en 1904 et le premier titre olympique a été décerné en 1908. Avec le temps, il a dépassé le cadre de la Grande Bretagne et s'est propagé dans de nouvelles contrées, notamment dans les pays d'Amérique du Sud où il est devenu le sport roi. C'est un sport professionnel depuis assez longtemps: l'argent y tient une place énorme et les joueurs des grandes équipes gagnent aujourd'hui des salaires impressionnants.

Le football est un sport assez technique aux règles plutôt simples. Il se joue sur un terrain de sport pendant 2 mi-temps de 45 minutes chacune. Le jeu consiste à se passer un ballon afin de marquer contre le camp adverse. Le ballon utilisé est rond à l'image du sport lui-même qui, dans son ensemble, reste assez prévisible. Une équipe de football a onze joueurs dont un seul, le gardien, a le droit de toucher le ballon avec ses mains. Pour les autres joueurs, le contrôle du ballon se fait donc principalement avec les pieds. Les joueurs sont attaquants ou défenseurs selon leur position sur le terrain mais aucun poste spécifique n'exige de caractéristique physique vraiment spéciale. Ainsi, le football est un sport d'adresse et de finesse agréable à regarder.

La popularité du football a maintenant acquis une dimension planétaire indiscutable et la vitesse à laquelle ce sport continue à se répandre dans tous les pays et dans tous les milieux est impressionnante. Des zones où autrefois le ballon rond était pratiquement inconnu – notamment en Asie – sont devenues des régions ferventes de ce sport. Il semble n'y avoir aucune limite à ce phénomène de propagation universelle.

Au milieu d'un tel tableau idyllique, un problème majeur existe qui ternit énormément l'image du football: la violence dans les stades. Car la violence dans le football existe, mais non sur le terrain où les joueurs sont en général très corrects. C'est dans les gradins qu'explose la violence des hooligans dont les débordements semblent assez difficiles à maîtriser. Ce phénomène inquiète les dirigeants des gouvernements. Dans certains pays, des mesures drastiques ont été mises en place au niveau national pour contenir ce phénomène.

Même si le premier match international de rugby a eu lieu en 1871, l'histoire de ce sport est un peu plus courte que celle du football pour une simple raison historique: le rugby s'est développé à partir d'un incident lors d'un match de football en 1823: un joueur a décidé soudain de prendre le ballon dans ses mains et de marquer ainsi. Un nouveau sport était né. Et comme cela se passait dans la ville de Rugby en Angleterre, on lui donna ce nom-là. L'évolution du rugby est restée une chose très britannique et, à l'exception notable de la France, c'est surtout dans les pays anglophones du Commonwealth que le jeu s'est développé au début.

… / …

Le rugby est un sport très technique avec de nombreuses règles. Il se pratique sur un immense terrain de jeu comprenant une zone d'en-but derrière les poteaux, qui fait aussi partie de l'aire de jeu. Une rencontre dure deux mi-temps de 40 minutes chacune. Le ballon utilisé est de forme ovale, ce qui fait qu'il est très difficile à contrôler avec des rebonds inattendus et imprévisibles, à l'image de ce sport lui-même. En rugby, il y a quinze joueurs dans une équipe et tous ont le droit d'utiliser leurs pieds et leurs mains pour manier le ballon. Quoiqu'une certaine adresse soit nécessaire en rugby, c'est aussi un sport de contact où les joueurs se jettent les uns sur les autres avec une farouche détermination. Ici, selon le poste du joueur, certaines caractéristiques physiques de poids ou de taille sont nécessaires pour assurer la conquête du ballon dans les phases de la mêlée ou de la touche notamment.

Dans les dernières décennies du 20e siècle, la popularité du rugby a été en constante expansion sur plusieurs théâtres comme en Europe de l'Ouest dans des pays traditionnellement inféodés au football comme l'Italie ou l'Espagne, mais aussi en Europe de l'Est et en Asie. Cet éveil rugbystique a surgi suite à la création de la première coupe du monde de rugby en 1987 ainsi qu'à l'instauration récente du statut professionnel de ce sport resté amateur jusqu'au seuil du troisième millénaire.

En ce qui concerne le rugby, la violence – si l'on peut donner un tel nom au sujet du phénomène concernant ce sport – est le sujet d'un malentendu: sur le terrain, dans les contacts entre joueurs de ce sport de conquête, les chocs entre joueurs, surtout dans les phases rugueuses de la mêlée fermée, sont impressionnants. Pourtant, ils ne donnent généralement lieu à aucune blessure grave. Le rugby, ce «sport de voyous joué par des gentlemen» a un aspect de sport de combativité… maîtrisée, que le non-initié a peine à voir comme tel.

Ainsi donc, ces deux sports se distinguent par leurs grandes différences et il reste aujourd'hui peu de choses de leur origine commune. Tous deux semblent promis à un bel avenir à l'orée du troisième millénaire. Il est en tout cas évident que ces deux sports drainent deux audiences bien distinctes au niveau mondial et que le football et le rugby vont continuer à augmenter leur popularité sans se faire de l'ombre.

Analyse du texte

1 Pourquoi cette composition est-elle si longue?
2 Quel est le danger de ce type de plan?
3 Au paragraphe 3, quel mot annonce la conclusion?
4 Au paragraphe 7, mettez en évidence la restriction.
5 Au paragraphe 9, mettez en évidence l'atténuation.
6 Où la composition bascule-t-elle?
7 Dans la conclusion, quels éléments augurent d'un futur prometteur pour ces deux sports?

Plan dialectique : modèles de plan

La dialectique est l'ensemble des moyens mis en œuvre pour démontrer, réfuter, emporter la conviction.
Toute proposition se présente en général sous deux aspects opposés : thèse et antithèse.
Le plan dialectique est utilisé pour **convaincre** en argumentant.

MODÈLES DE PLAN

A PLAN BINAIRE

AVANTAGES ET INCONVÉNIENTS DES EXAMENS

Introduction
Développement :
A Les **avantages**
I   1er thème   facteur calmant   le cadre est susceptible d'évacuer la tension nerveuse
II   2e thème   prévisibilité   tous sont à égalité devant le programme à étudier
III   3e thème   objectivité   un standard rend l'objectivité plus facile à appliquer

B Les **inconvénients**
I   1er thème   **facteur dérangeant**   la pression psychologique défavorise les moins calmes
II   2e thème   **les impondérables**   le système laisse une place à la chance, voire au hasard
III   3e thème   **subjectivité**   un degré de subjectivité est possible, surtout aux oraux

Conclusion   Les examens présentent plus d'inconvénients que d'avantages, sauf si l'on adopte un système de contrôle continu.

Avantages du plan binaire : Ce plan est intéressant car il présente les choses très clairement par la séparation des avantages et des inconvénients en deux blocs distincts.

Inconvénients du plan binaire : il réside dans le fait que les éléments mis en parallèle se trouvent assez éloignés les uns des autres.

B PLAN ALTERNÉ

AVANTAGES ET INCONVÉNIENTS DES EXAMENS

Introduction
Développement :
I   1er thème   I **pression psychologique**
            a inconvénients   a favorise les plus calmes
            b avantages   b préparation à la vie

II   2e thème   II **équité**
            a inconvénients   a chance, voire hasard en partie inévitable
            b avantages   b pas de favoritisme

III   3e thème   III **impartialité**
            a inconvénients   a subjectivité parfois présente, surtout à l'oral
            b avantages   b objectivité par rapport au même standard

Conclusion : le plan alterné présente très peu d'inconvénients. Il est recommandé.

Plan dialectique binaire

AVANTAGES ET INCONVÉNIENTS DES EXAMENS

De nos jours, la connaissance scolaire est généralement évaluée à l'aide des examens. Pourtant, ce système d'évaluation est souvent remis en question et notamment à notre époque où certaines méthodes pédagogiques prônent l'abandon pur et simple des examens. Quels sont donc les avantages et les inconvénients des examens dans l'évaluation des connaissances?

Étudier dans un système scolaire dont les résultats sont évalués par des examens, c'est donner à l'étudiant un cadre de référence d'évaluation clair et rationnel. Le fait de connaître la matière à étudier et la date des examens permet à tous les étudiants de travailler en toute sérénité et en évacuant au maximum la tension nerveuse qui est causée par les examens.

Un autre avantage dérivé des examens est que ce système est juste dans la mesure où tous les étudiants d'une même classe sont confrontés au même programme et à la même épreuve. Personne n'est donc avantagé et les résultats sont attribués aux plus méritants en toute justice: celui qui a travaillé est en toute logique récompensé selon l'effort qu'il a fourni.

Enfin, pour les examens écrits, ce système d'examens permet au correcteur d'être le plus objectif possible, en comparant les étudiants selon un même critère. De cela découle une approche scientifique de correction, même si les examens oraux comportent une dose de subjectivité.

Face à cette liste d'avantages, le système de notation basé sur les examens a des inconvénients certains. Il met sur l'étudiant une pression psychologique évidente: la date fixée pour l'examen est une date limite butoir que les étudiants ont souvent tendance à envisager sous forme de compte à rebours. Les étudiants inquiets ou nerveux sont désavantagés.

Un autre inconvénient majeur concernant les examens est que, quoi que l'on fasse et quelles que soient les précautions que l'on prenne pour passer ces examens dans les meilleures conditions possibles, ce système ouvre la porte à la chance dans la mesure où le sujet de l'examen n'est souvent qu'une infime partie du programme à étudier et peut donc être un des rares sujets connus du candidat qui se serait livré au bachotage. Le hasard joue aussi un rôle dans la mesure où, lors de l'examen, un étudiant peut être dans un mauvais jour pour des raisons personnelles: médicales, sentimentales ou autres, ce qui fait que sa performance ne sera pas à l'image de sa valeur réelle.

Enfin, un certain degré de subjectivité chez le correcteur n'est pas à exclure, surtout dans les examens oraux où une foule de facteurs peut influencer la décision du correcteur de par le contact personnel avec le candidat. Or, la raison d'être des examens est précisément de donner un verdict purement objectif et donc juste. L'anonymat de la correction des épreuves écrites est une certaine garantie d'objectivité dans la correction de ces examens-là.

Le système d'évaluation basé sur les examens offre des avantages évidents qui permettent une certaine équité entre les étudiants. Mais il présente aussi des aspects contraignants, voire dommageables, pour les étudiants. Aussi, sans aller jusqu'à éliminer le contrôle de connaissances, la solution ne serait-elle pas de faire des évaluations fréquentes sans note afin de réduire une partie de la pression et de la chance toujours présentes en ces occasions-là?

Analyse de texte

1   Où se situe le basculement du texte? Grâce à quelle expression?

Plan dialectique alterné

AVANTAGES ET INCONVÉNIENTS DES EXAMENS

De nos jours, la connaissance intellectuelle est généralement évaluée à l'aide d'examens. Ce système d'évaluation est largement utilisé mais a beaucoup de détracteurs. A travers les notions de pression psychologique, d'équité et d'impartialité, on essaiera de décider si les examens offrent plus d'avantages que de désavantages.

En ce qui concerne le problème du stress, si les examens mettent beaucoup de pression psychologique sur les étudiants et par là même tendent à favoriser ceux qui sont de tempérament calme par rapport aux nerveux, ils permettent cependant une approche rationnelle concernant l'administration des examens: avec un calendrier de dates spécifiques et des directives sur les contenus d'examens clairement délimités, les étudiants se sentent plus en confiance et plus sereins.

Pour ce qui est de l'équité, le système semble injuste car la chance peut intervenir dans le choix des sujets d'examens: les étudiants qui étudient sélectivement et font des impasses peuvent tomber sur l'un des rares passages qu'ils ont étudiés. De plus, le hasard joue un rôle en ce que, le jour de l'examen, un étudiant peut être diminué pour des raisons médicales, sentimentales, etc., sans rapport avec l'examen, et par là même ne pas refléter sa valeur réelle. Cependant, il ne faut pas oublier que ce système est juste puisque les étudiants d'une même classe ou d'un même programme d'études sont confrontés au même test. En principe, il n'y a donc pas de favoritisme.

Un dernier aspect concerne le degré d'impartialité en rapport avec les examens: pour certains, trop de subjectivité est toujours possible de la part de l'examinateur: en corrigeant non seulement les examens écrits mais encore les examens oraux, un nombre de facteurs (comme l'attitude, l'apparence, l'affinité) peut influencer le résultat. Mais malgré tout, ce système d'examens est une garantie d'objectivité car tous les étudiants sont comparés selon les mêmes normes. Ceci est particulièrement évident pour les examens écrits où le facteur subjectif est grandement diminué. Avec ce système, il est possible d'adopter un système scientifique de correction basé sur des critères communs.

Il est évident que l'évaluation basée sur des examens présente certains problèmes pour les étudiants. Cependant, les examens restent une réalité incontournable pour toute évaluation sérieuse. Une manière efficace de se débarrasser des objections majeures à un système comprenant des examens est de mettre sur pied un système basé sur des examens réguliers et continus. Ceci serait une garantie d'une évaluation encore plus logique, juste et impartiale car en multipliant le nombre d'examens, le poids attribué à chacun d'entre eux serait moindre, ce qui diminuerait la pression psychologique à l'approche des examens et réduirait énormément le facteur chance.

Analyse du texte

1. Montrez en quoi ce plan alterné est aussi un plan inventaire.
2. Quels mots marquent l'opposition à l'intérieur des paragraphes 2, 3 et 4?
3. Quels sont les deux sous thèmes traités au paragraphe 3?
4. Nommez deux domaines où il existe un risque de partialité dans le paragraphe 4.
5. Dans la conclusion, y a-t-il une prise de position ?

G   LA DISSERTATION

Qu'est-ce qu'une dissertation ?

Apprendre à écrire une composition, c'est acquérir une structure mentale absolument nécessaire pour se lancer dans l'apprentissage de la dissertation. C'est ainsi que les cinq éléments caractéristiques de la composition énoncés en page 78 du présent ouvrage se retrouvent dans la dissertation, à savoir : la structure, le plan, l'analyse, l'objectivité et l'abstraction.

Cependant, la dissertation implique beaucoup plus que la simple composition. Elle s'en différencie surtout par le type de sujets traités, par la profondeur de l'analyse et par l'originalité des idées. D'autre part, la dissertation s'oriente surtout vers des sujets généraux ou littéraires.

La **dissertation générale** est essentiellement de nature abstraite. Il conviendra donc de jongler avec les idées de la même manière que l'on jonglait avec les données ou les faits d'une composition à sujet concret. On remarquera que si certaines compositions pouvaient déjà aborder des sujets abstraits, ceux-ci sont analysés beaucoup plus en profondeur dans la dissertation.

La **dissertation littéraire** traite d'auteurs ou de livres de littérature. Il faut donc ramener ce que l'on dit à l'étude de textes et à l'analyse de thèmes, de personnages, de problèmes que tel livre soulève, de thèses que tel auteur présente, d'une citation de critique sur tel ouvrage ou sur tel écrivain. Le plan à adopter pour chacun de ces sujets pourra être en rapport avec les plans du présent ouvrage. Par exemple, une comparaison entre auteurs, personnages, livres ou quelque autre aspect littéraire pourra adopter un des plans comparatifs présentés ici.

Cependant, au lycée, l'élève doit pouvoir pousser sa connaissance du français au point d'arriver à éviter que la texture du plan soit trop restrictive pour lui. Outre l'inoxydable mais quelque peu rebattu plan : thèse – antithèse – synthèse, l'élève pourra essayer de présenter ses idées selon un plan en perspective, c'est-à-dire avancer ses idées par étapes successives, un paragraphe menant naturellement au paragraphe suivant, vers l'objectif identifié dans la problématique.

Pour s'émanciper du moule strict de la composition pure, l'effort de l'élève se portera sur les aspects majeurs suivants:

– **l'introduction**, et notamment sa partie finale où se trouve la problématique : il convient ici de présenter les aspects qui seront étudiés dans le développement. Une bonne manière de présenter la problématique est de poser une courte série de questions (3 à 4) dont les réponses seront données dans le développement, voire dans la conclusion. D'autres manières de poser la problématique sont présentées aux pages108-109 du présent ouvrage.

– les **transitions**: les débuts de paragraphe doivent être particulièrement soignés pour éviter l'aspect abrupt des transitions visibles dans certains plans de composition comme le plan numérique ou encore le plan classification. Voir pages 112-113.

– la **conclusion**: elle ne doit rien répéter mais faire avancer le débat et mentionner les conséquences découlant des idées exprimées précédemment. Voir pages 110-111.

Dissertation générale

«La discipline est la clé de la liberté» B. Frontenac

Tous les hommes sont épris de liberté, cette valeur si difficile à acquérir, si fragile à conserver et si délicate à gérer. On a d'ailleurs dit que la discipline est la clé de la liberté, montrant le prix à payer pour jouir de cette vertu à nulle autre pareille. Mais de quelle discipline s'agit-il? La discipline vis-à-vis des autres ou la discipline envers soi-même?

Le mot discipline est généralement rempli de connotations négatives dans l'esprit humain. Appliquée trop brutalement, par excès de zèle, la discipline imposée est mal acceptée par la plupart de ceux qui la subissent. Ainsi, une discipline sans dose d'humanité a des conséquences néfastes sur les détenus dans leur prison: beaucoup de ces derniers développent des sentiments de rejet de l'ordre établi et de la société en général. Cette discipline qui n'a d'autre but que de faire obéir, voire de plier les volontés, arrive généralement assez bien à son but: personne ne gagne contre la force aveugle et brutale. Mais une fois libérés de prison, les détenus sont face à un monde dans lequel ils ne se retrouvent plus. Leur réinsertion sociale est compromise et la voie qu'ils empruntent alors les ramène à la violence, au crime et à la prison.

La discipline à laquelle on soumet les jeunes dans les internats se veut une discipline éclairée, à motivation pédagogique: apprendre aux jeunes à se structurer, à adopter un mode de vie réglé qui doit en principe les amener à l'indépendance. Pourtant, le tristement célèbre modèle britannique qui incluait le châtiment corporel comme une de ses composantes formatrices a vécu et peu de monde aujourd'hui soutient le bien-fondé de telles mesures. Il est vrai que l'internat a revêtu une allure plus humaine, mais la discipline qui s'y exerce s'appuie généralement sur le modèle répressif par la punition. Or une discipline imposée par la crainte est une discipline qui ne sera jamais totalement acceptée et qui ne sera donc jamais totalement efficace. Il n'est pour s'en rendre compte que de voir combien d'anciens élèves parlent de leurs années d'internat en termes qui rappellent plus l'internement qu'autre chose.

Une autre forme de discipline concerne celle que l'on s'impose à soi-même volontairement, dans un but méliorative ou thérapeutique. Sans aucune contrainte extérieure ou punition, la seule peur qu'on peut avoir est celle que l'on ressent devant un échec personnel, celle de ne pas avoir réussi et de se sentir froissé dans son amour-propre. Le domaine de prédilection où s'applique cette discipline est celui des grands artistes ou des sportifs de haut niveau: c'est par un effort quotidien soutenu pendant de nombreuses années, souvent au prix d'une enfance, voire d'une vie entière sacrifiée, que les efforts fournis rapportent leur prix: la patineuse qui évolue avec grâce sur la glace et se joue des difficultés semble agir en totale liberté. Rien ne l'entrave, rien ne semble trop difficile pour elle qui a su acquérir cette maîtrise au prix d'une discipline de fer imposée librement pendant des années à raison de plusieurs heures par jour d'entraînement.

Ainsi, la liberté définie non comme un excès mais comme un affranchissement de contraintes spécifiques à un domaine particulier n'est pas une liberté donnée mais une liberté acquise par une volonté tenace. Dans ce contexte-là, la discipline précède la liberté dont elle est la clé et la substance.

---

1   Quelle catégorie de plan est utilisée ici? (voir page 83)
2   Quels sont les mots indiquant la structure du plan ?
3   Quels sont les thèmes étudiés?
4   S'il y a une prise de position par rapport à l'énoncé, quelle est-elle ?

Dissertation générale

«On ne naît pas femme, on le devient»   Simone de Beauvoir

Les femmes, ont, de tout temps, été assujetties à des règles sociales édictées par les hommes. Ce n'est qu'au 20e siècle, et notamment dans sa 2e partie, que le féminisme a commencé à se manifester bruyamment et à se faire une place. Simone de Beauvoir, dans sa célèbre phrase: «on ne naît pas femme, on le devient» indique clairement que la nature féminine n'est pas une chose innée mais bien le résultat d'une éducation et d'un conditionnement culturel et social. Qu'en est-il donc réellement? La femme d'aujourd'hui est-elle la même que celle d'hier ?

C'est au niveau de la famille que l'importance de la femme a toujours été primordiale: tout d'abord dans son rôle de génitrice et de mère, puis dans celui d'éducatrice des enfants dont la présence dans le foyer a été une nécessité sociale. La petite fille recevait une éducation spécialement taillée sur mesure pour elle et restait à la maison avec sa maman afin de s'initier à l'art d'être une femme au foyer alors qu'aujourd'hui cette même petite fille côtoie les garçons à l'école.

Avec la possibilité d'aller à l'école et d'acquérir une éducation, la femme a commencé à questionner ce système. Le fait de sortir de la maison et de voir d'autres personnes a ouvert son horizon. De plus en plus de jeunes filles étudient avec ardeur pour réussir le baccalauréat et ainsi accéder à l'université. Bien que la majorité des jeunes filles et des femmes se retrouvent souvent dans les mêmes filières d'études universitaires (humanités, lettres, langues, etc.), un nombre croissant se dirige vers des carrières scientifiques ou commerciales.

Avec les progrès de la médecine et notamment avec l'apparition de la pilule, la femme, plus libre qu'autrefois, a acquis une grande indépendance vis-à-vis de l'homme. A partir du moment où elle a pu acquérir son indépendance sexuelle, la notion même d'instinct maternel a été remise en question. Après des siècles de soumission et de manque de liberté, la femme peut s'assumer et s'accomplir.

De nos jours, la femme travaille et elle n'est plus uniquement perçue comme mère de famille. En effet, elle prend une part importante dans l'activité économique de la société. La grande nouveauté est que, maintenant, elle choisit le rôle qu'elle veut assumer (au lieu de le subir antérieurement, comme c'était le cas dans le milieu agricole). Forte de l'argent qu'elle gagne, elle devient un acteur de la vie économique par son rôle de consommatrice. Chaque jour, de nouveaux secteurs professionnels s'ouvrent aux femmes dans les domaines militaires, médicaux et même politiques. Aux niveaux culturel et intellectuel, on n'a jamais vu autant de femmes écrivains ou artistes connues que de nos jours. Pratiquement, le slogan «à travail égal, salaire égal» tend à lentement devenir réalité.

En conclusion, le constat oblige à la modestie car tout n'est pas rose pour la condition féminine aujourd'hui: il demeure difficile pour la femme moderne de concilier vie sentimentale et vie familiale avec une carrière professionnelle. De plus, les excès du mouvement féministe ont parfois créé des types de femmes dont l'agressivité et l'attitude repoussent l'homme, créant ainsi une guerre des sexes qui nuit à tous. Enfin, le mouvement féministe touche principalement les pays développés occidentaux. La plus grande partie de l'humanité n'est pas encore vraiment affectée par cette révolution. Mais si le chemin à parcourir pour les femmes est encore long pour que ces dernières puissent enfin connaître une vision nouvelle de leur rôle dans la société, le mouvement semble désormais irréversible.

---

1   Quelle catégorie de plan est utilisée ici ? (voir page 83)
2   Mettez en évidence l'évolution du rôle de la femme dans la société.

Dissertation générale

«Un seul être vous manque et tout est dépeuplé»   Lamartine

L'homme est un être sociable habitué à vivre au contact de ses congénères. Ce contact est en fait plus fort qu'une habitude, il est un réel besoin, une condition nécessaire à son équilibre et à son épanouissement. Ceci est particulièrement vrai dans le domaine des sentiments et Lamartine est même allé jusqu'à écrire: «Un seul être vous manque et tout est dépeuplé.» Qu'est-ce qui peut bien justifier le caractère apparemment excessif d'une telle affirmation? Faut-il comprendre cette idée dans un sens absolu ou au contraire ponctuel? Et comment concilier le ton si catégorique de cette citation avec la notion de fluctuation continue des sentiments dont parle Montaigne?

Pour saisir ce que veut dire Lamartine, il faut peut-être avoir été amoureux et avoir vécu le grand amour. Dans cet état très particulier du monde sentimental, il est des aspects spécifiques comme la passion amoureuse ou la période de la lune de miel qui font entrevoir le monde sous un angle totalement subjectif: tout est subordonné à l'autre et la simple perspective d'en être séparé par la mort ou même par une rupture suffit à mettre l'esprit en émoi. La disparition de l'autre fait entrevoir la vie comme un véritable désert où «tout est dépeuplé» et donc où toute raison de vivre a disparu. L'affirmation de Lamartine peut ainsi se comprendre dans un contexte extrême. Faut-il rappeler que lui-même a vécu ce tourment du manque de l'autre lorsque Mme Charles dont il était follement épris est morte, ce qui lui a fait écrire certaines de ses plus belles poésies dont l'immortel poème «Le Lac»?

Cependant, si certains s'enterrent dans un désert affectif suite à un drame sentimental, beaucoup continuent d'avancer dans le chemin de leur vie en ayant les yeux fixés sur l'horizon du futur. Le temps qui passe fait oublier bien des serments et atténue bien des douleurs. Et beaucoup retrouvent le chemin pour sortir du désert en refaisant leur vie avec une autre personne. Le fait est que Lamartine a surmonté assez rapidement sa tristesse due à la mort de Mme Charles et trouvé ailleurs des compensations à sa douleur. Ceci ne détruit pas la force de sa citation mais la relativise quand même un peu: la tristesse que l'on éprouve suite à la disparition d'un être aimé peut se révéler moins aiguë à mesure que le temps passe.

Par ailleurs, il convient de mentionner que les sentiments peuvent évoluer et que l'amour en particulier est souvent victime de l'usure qu'il subit sur une longue durée, et particulièrement lorsqu'il est vécu au quotidien. L'amour s'effrite, l'amour s'en va sans que l'on s'en rende bien compte et un jour, on se retrouve dans une situation inversée: l'amour qui procurait mille bonheurs semble être devenu un objet lourd et encombrant. Si, de plus, le partenaire est de tempérament dominateur, si son amour est exigeant, voire étouffant, cela peut se révéler facilement insupportable. Alors, cet être, objet de tous les désirs et qui est soudain devenu pénible et gênant, peut déclencher – à son insu – le désir d'un autre ailleurs.

Ainsi la perte soudaine d'un être cher ou une rupture brutale dans un moment de grand amour est comme une petite mort. L'être humain souffre devant une telle situation. Cependant, la durée dans l'amour est un élément crucial que peu de gens arrivent à bien gérer et la présence de l'autre peut se révéler lourde et difficile à supporter. A ce propos, Giraudoux n'a-t-il pas écrit: «Un seul être vous manque et tout est repeuplé»?

1	Où sont les réponses aux 3 questions de la problématique ?
2	Quelle est la réponse à la question 1 ?
3	Quelle est la réponse à la question 2 ?
4	Quelle est la réponse à la question 3 ?
5	Comment sa fait la progression des idées dans le développement ?

Dissertation littéraire
L'amour dans *La Symphonie pastorale* d'André Gide

L'amour est un des thèmes majeurs de *La Symphonie pastorale* d'André Gide. L'influence qu'il y exerce est énorme et dévastatrice. C'est surtout à travers le personnage du pasteur que ce phénomène se produit : il va affecter la vie de la maisonnée entière du pasteur, notamment celle de sa femme Amélie, de son fils Jacques et enfin de sa protégée Gertrude.

Les multiples effets qu'opère l'amour sur les divers personnages pose la question du type d'amour dont il s'agit en réalité. En ce qui concerne Amélie, la femme du pasteur, on voit une femme qui assume son rôle de femme au foyer dans la plus pure tradition chrétienne d'amour matrimonial, avec une maisonnée pleine d'enfants et qui assume son rôle sans contestation. Amélie ne se pose pas de question jusqu'au jour où l'intrusion de Gertrude dans son foyer va la troubler et la jeter dans les affres de la jalousie qui va lentement la consumer.

L'amour filial de Jacques, le fils aîné, sera mis à rude épreuve à travers ce drame qui lui permettra néanmoins de s'émanciper de l'autorité paternelle. Jacques va même évoluer jusqu'à s'ériger en censeur de l'attitude de son père. Amoureux de Gertrude, il saura sublimer son amour en même temps qu'il déversera sur son père une colère juste et contrôlée le plus longtemps possible et dont la manifestation la plus corrosive sera peut-être sa conversion – ainsi que celle de Gertrude – à la religion catholique.

Gertrude est un cas spécial de par sa cécité physique et qui prend une valeur hautement symbolique: en effet, elle ne connaît du monde et de l'amour que ce que lui en dit le pasteur. Elle s'entiche naturellement de lui qui déverse dans son âme un chapelet de fausses notions. Lorsque, à la suite d'une opération, elle pourra enfin voir le monde physique, elle comprendra mieux les mystères de l'amour, les mensonges du pasteur et la laideur de l'homme. Egarée sur une fausse route, elle ne pourra pas se retrouver devant l'ampleur de la noirceur du monde qu'elle découvre et finira par se suicider dans un geste de désespoir.

Enfin, le pasteur est celui par qui tout arrive. En fait, son premier geste pour Gertrude est louable car il veut l'aider dans sa détresse et son cœur est alors empreint d'un sentiment de pitié et de charité chrétienne. Mais il va subir la tentation de la chair alors qu'il est dans une situation extrêmement délicate de par son poste de pasteur d'une part et d'homme marié avec une famille à charge d'autre part. Ainsi, l'attirance qu'il éprouve pour Gertrude et à laquelle il cède sera le germe de la série de catastrophes qui va s'abattre sur les protagonistes de cette histoire.

Tous les personnages principaux du roman sont donc profondément affectés par les errements sentimentaux du pasteur. C'est ainsi qu'on voit que l'égarement amoureux du pasteur provoque la culpabilité et la jalousie chez Amélie, la révolte chez Jacques, la confusion et le désespoir chez Gertrude – ce qui se traduira par le suicide – et l'aveuglement et la destruction chez le pasteur. Ainsi donc l'amour dans *La Symphonie pastorale* est inextricablement lié à la notion de péché. Et la phrase que le pasteur glisse dans l'oreille de Gertrude selon laquelle «le mal n'est jamais dans l'amour» est complètement contredite par la conclusion du livre. Peut-on d'ailleurs vraiment imaginer que le pasteur était sincère en disant cela?

---

1   Quelle catégorie de plan est utilisée ici? (voir page 83)
2   Selon quel ordre les thèmes étudiés sont-ils présentés?
3   Quel autre type de plan peut-on trouver dans cette composition ?

Intégrer une citation

MODÈLE I

Citation à inclure dans une dissertation :

« **Je préférais qu'elle ne lût pas beaucoup – ou du moins pas beaucoup sans moi – et principalement la Bible, ce qui peut paraître bien étrange pour un protestant.** » (*La Symphonie pastorale* de Gide, p. 67).

(le mot « je » fait référence au pasteur qui a accueilli chez lui Gertrude, une jeune aveugle)

Citations à éviter :
1. Citation tronquée et donc vide de sens :
- Le pasteur préférait que Gertrude « ne lût pas beaucoup ... un protestant » (p. 67).

2. Citation non intégrée au texte :
- Le pasteur s'inquiétait de Gertrude qui faisait de grands progrès. Il pensait : « Je préférais qu'elle ne lût pas beaucoup – ou du moins pas beaucoup sans moi – et principalement la Bible, ce qui peut paraître bien étrange pour un protestant. » (p. 67).

Bonnes insertions :
1. Citation intégrée dans une phase du texte de la dissertation :
- le pasteur préférait qu'« elle ne lût pas beaucoup – ou du moins pas beaucoup sans moi – et principalement la Bible, ce qui peut paraître bien étrange pour un protestant » (p. 67).

2. Citation intégrée dans une phase de la dissertation avec crochets pour omettre une partie de la citation :
- le pasteur préférait qu'« elle ne lût pas beaucoup [...] la Bible, ce qui peut paraître bien étrange pour un protestant » (p. 67).

3. Idée de l'auteur reprise sans guillemets mais avec référence :
- le pasteur préférait qu'elle ne lût pas beaucoup la Bible (page 67).

MODÈLE II

Citation à inclure dans une dissertation :

« **Vous n'êtes que le gant, et moi, je suis la main.** » (*Ruy Blas*, III, V, v. 1479).

C'est le personnage de Don Salluste qui s'adresse à son domestique Ruy Blas en le rappelant à l'ordre.

Bonnes citations :

1. Citation intégrée dans une phrase du texte de la dissertation :

- Don Salluste, en lançant à Ruy Blas : « *vous n'êtes que le gant, et moi, je suis la main* » (*Ruy Blas*, III, V, v. 1479) le rappelle à l'ordre.

2. Citation intégrée dans une phrase de la dissertation avec crochets pour omettre une partie de la citation :

- Don Salluste, pour remettre son domestique à l'ordre, se compare à une main en lui signifiant que Ruy Blas « n'[en] est que le gant ... » (III, V, v. 1479).

3. Idée de l'auteur reprise sans guillemets mais avec référence :

- Don Salluste rappelle à l'ordre son domestique en lui signifiant que ce dernier n'est que le gant, et lui, la main (III, V, v. 1479).

Écrire une introduction

Sujet : « Un seul être vous manque et tout est dépeuplé ». Lamartine

Une introduction se divise en **trois** parties, à savoir :

1 * le thème   2 ** l'idée   3 *** la problématique

1 * LE THEME (diverses manières de commencer)
Il faut éviter d'être trop abrupt ou de dire une banalité. Voici quelques manières de commencer l'introduction par :

Une question
* Qui n'a jamais souffert suite à la perte d'un être cher ?
* Quels sont les effets de la perte d'un être cher ?

Une anecdote ou un exemple
* Dans *Tristan et Iseult*, lorsque Tristan meurt, Iseult ne peut supporter cette séparation et elle meurt aux côtés de son amant.

Une généralité
* La perte d'un être cher n'est pas sans effets profonds et durables sur celui qui reste.
* La perte d'un être cher amène une profonde souffrance psychologique et même physique sur celui qui reste.

Un paradoxe (qui est aussi une citation dans ce cas)
« Un seul être vous manque et tout est repeuplé » a écrit Giraudoux.

2 ** L'IDEE (Dans cette partie, il faut amener la citation et la thèse de l'auteur)
Il s'agit ici de faire le lien entre le thème déjà annoncé et l'idée dans laquelle ce thème a toute sa place.
Il faut répondre à la question : que s'agit-il de discuter à propos de ce thème ?
La citation à traiter prendra naturellement place dans cette partie-ci. Elle sera amenée en douceur et non artificiellement ou sans préparation. De plus, elle sera suivie d'une phrase explicative de la thèse de l'auteur, c'est-à-dire la réponse à la question : Que veut dire cette citation, ou que veut dire l'auteur par cette citation ?

Question :
* Qu'entraîne la perte d'un être cher ? ** Lamartine a donné sa réponse à cette question dans son célèbre vers : « Un seul être vous manque et tout est dépeuplé. » Pour lui, il est clair que la séparation ou la perte de quelqu'un que l'on aime est source de dommages irréparables.

Anecdote :
*Dans *Tristan et Iseult*, lorsque Tristan meurt, Iseult ne peut supporter cette séparation et elle meurt aux côtés de son amant. ** On voit clairement que les effets de l'absence peuvent être irrémédiables. C'est de cela que parle Lamartine dans son célèbre vers : « Un seul être vous manque et tout est dépeuplé. »

…/…

Généralité :
* La perte d'un être cher n'est pas sans effets profonds et durables sur celui qui reste. ** Pour Lamartine, « un seul être vous manque et tout est dépeuplé », ce qui indique que l'on reste inconsolable dans un cas pareil et que personne ne peut combler le trou causé par l'absence de l'être aimé.

3 *** LA PROBLEMATIQUE (clarifier le sens de l'énoncé puis poser la problématique)

Cette partie, la plus délicate, consiste à montrer le problème que cause la citation à étudier et qui provient du fait que l'on ne peut généralement pas adopter une citation d'emblée et dans son ensemble car il faut toujours tenir compte des aspects restrictifs qu'elle comporte. Nous présenterons deux techniques permettant de poser la problématique :

Technique 1 : série de questions

*Une technique de présenter la problématique est de poser des **questions** (3 ou 4 au maximum) : la première sera pour clarifier le sens de l'énoncé, les suivantes pour cerner les contours du problème tout en amenant des notions de dérogations ou d'exceptions à la thèse de l'auteur. Cela contribue à créer une antithèse ou à tout le moins un pôle de réserves qui seront autant d'arguments à opposer à la thèse de l'auteur.*

La forme interro-négative est souvent utilisée car elle permet d'amener en douceur le lecteur vers l'idée que l'on lui suggère.

1er exemple d'introduction complète :

* L'homme est un être sociable habitué à vivre au contact de ses congénères. Ce contact est en fait un réel besoin pour que l'homme soit équilibré et épanoui. ** Cela est particulièrement vrai dans le domaine des sentiments et Lamartine est même allé jusqu'à écrire : « Un seul être vous manque et tout est dépeuplé », voulant signifier que l'on reste inconsolable lorsqu'on est quitté par celui qu'on aime. *** Quel type de manque peuvent donc avoir des effets aussi dévastateurs que ceux décrits par Lamartine ? Le facteur temporel ne peut-il pas résoudre ce problème en apparence paradoxal ? D'autre part, le manque ou l'absence de quelqu'un ne peut-il pas, dans les cas de conflits, apporter des effets positifs ?

Technique 2 : série d'affirmations générales

*Une autre technique de présenter la problématique est d'utiliser une série **d'affirmations** (3 ou 4 au maximum et qui correspondent aux questions de la technique 1 ci-dessus). Ces affirmations se garderont d'être dogmatiques ou exclusives : au contraire, elles seront plutôt de portée générale, de préférence au conditionnel, et introduites par des locutions de verbes impersonnels du genre : il semble que, il se pourrait que, il est d'usage que, etc. qui ménagent un espace de réponse assez large pour couvrir les possibilités depuis l'adhésion à la citation jusqu'à sa contradiction.*

2e exemple d'introduction complète :

* L'homme est un être sociable habitué à vivre au contact de ses congénères. Ce contact est en fait un réel besoin pour que l'homme soit équilibré et épanoui. ** Cela est particulièrement vrai dans le domaine des sentiments et Lamartine est même allé jusqu'à écrire : « Un seul être vous manque et tout est dépeuplé », voulant signifier que l'on reste inconsolable lorsqu'on est quitté par celui qu'on aime. *** Réfléchir à cette citation pousse automatiquement à définir le type de manque qui peut avoir des effets aussi dévastateurs que ceux décrits par Lamartine. On peut se demander si le facteur temporel ne pourrait pas résoudre ce problème en apparence paradoxal. D'autre part, il semblerait que le manque ou l'absence de quelqu'un peut, dans des cas de conflits, apporter des effets positifs.

Écrire une conclusion

Sujet : « Un seul être vous manque et tout est dépeuplé ». Lamartine

Une conclusion se divise en **deux** parties :

1 * la synthèse   2 ** l'élargissement

1 LA SYNTHESE

Une synthèse ne doit pas se borner à être un simple résumé. Certes, elle peut brièvement reprendre les choses essentielles de l'analyse mais encore faut-il clore cette partie de la conclusion.
Pour cela, une manière intéressante est de chercher, chaque fois que c'est possible, à dépasser le dernier stade du développement en répondant à la question :
Quelle est la **conséquence** *de ce qui a été dit et débattu dans le développement ?*
Donc, il faut toujours essayer de terminer sur ce que le débat et l'analyse ont apporté de nouveau et de constructif.

* La perte soudaine d'un être cher ou une rupture brutale dans un moment de grand amour est comme une petite mort. L'être humain souffre devant une telle situation. Par ailleurs, la durée dans l'amour est un élément crucial que peu de gens arrivent à bien gérer. La présence de l'autre peut se révéler lourde et difficile à supporter. Dans les deux cas, la dimension sociale de l'être humain est évidente. Réussir à faire du temps un élément positif et non destructeur semble être une condition nécessaire pour ne pas sombrer dans la tristesse et la solitude.

2 L'ELARGISSEMENT : « C.O.Q. S.E.C. »

Elargir le sujet n'est pas facile à faire. En effet, il faut sortir du sujet traité en douceur, et donc graduellement.
*Pour cela, on peut utiliser un des six moyens ci-dessous connus sous le nom de « **C.O.Q. S.E.C.** » :*

1 **C.**OMPARAISON
** Le vide laissé dans la vie par la mort d'un être cher est un thème fréquent dans la littérature romantique et le mal décrit par Lamartine est aussi, entre autres, celui du Victor Hugo des *Contemplations* aux accents élégiaques poignants.

2 **O.**PINION PERSONNELLE
** Je pense que la souffrance causée par l'absence d'un être cher est, par sa profondeur, le reflet de l'intensité de l'amour porté au disparu.

…/…

3 **Q.**UESTION RHETORIQUE
** Qui, devant la souffrance causée par le départ d'un être cher, ne peut s'attarder et s'apitoyer sur le sort de ceux qui restent ?

4 **S.**OLUTION AU PROBLEME POSE
** Vu la dépendance que nous avons envers autrui, la solution au problème de l'absence ne serait-elle pas après tout de ne pas s'attacher et d'ainsi éviter la souffrance ?

5 **E.**SPRIT (TRAIT D'-)
** Eviter la souffrance serait bien sûr l'idéal, mais sans souffrance y aurait-il joie et bonheur ?

6 **C.**ITATION
** … A ce propos, Giraudoux a d'ailleurs malignement écrit : « un seul être vous manque et tout est repeuplé. »

Exemple de conclusion complète :

* La perte soudaine d'un être cher ou une rupture brutale dans un moment de grand amour est comme une petite mort. L'être humain souffre profondément face à une telle situation. Par ailleurs, la durée dans l'amour est un élément crucial que peu de gens arrivent à bien gérer. La présence de l'autre peut se révéler lourde et difficile à supporter. Dans les deux cas, la dimension sociale de l'être humain est évidente. Réussir à faire du temps un élément positif et non destructeur semble être une condition nécessaire pour ne pas sombrer dans la tristesse et la solitude. ** Eviter la souffrance serait bien sûr l'idéal, mais sans souffrance y aurait-il joie et bonheur ?

Écrire une transition

Une transition est une manière de passer d'un raisonnement à un autre, de lier les parties d'un discours. Généralement, une transition assure une fonction de liaison à l'aide d'un mot de transition.

Types de transition

I La transition sans mot de transition ou sans lien direct entre les paragraphes

Exemple entre deux phrases :

Parfois, lorsqu'on transite d'une phrase à l'autre, le simple sens peut suffire sans mot de transition :
Ex.: Mon père est arrivé à 8 heures. Nous avons mangé à 8 heures 15.

Autre exemple entre deux paragraphes :

La dernière phrase du paragraphe 1 contient clairement une idée conclusive ou synthétique, indiquant ainsi qu'on quitte le thème en question, sans faire nécessairement allusion à la suite. Le texte laisse supposer qu'on pourrait entrer dans un autre thème dans le paragraphe suivant, sans le suggérer directement.

... Pour être un bon pédagogue, il faut donc être équipé de plus qu'une bonne dose de patience.

Une autre qualité propre au pédagogue est ce souci de rendre son message le plus clair possible : ...

Ici, la transition repose exclusivement sur le paragraphe 2 qui introduit un élément nouveau à traiter.

II La transition avec mot de transition

La transition simple

Faire une transition classique a l'avantage de rendre le texte facile à comprendre : le premier paragraphe clôt avec une conclusion nette et le second commence avec un mot de transition qui rappelle qu'on est dans un raisonnement suivi. Ce mot de transition se trouve souvent parmi les premiers mots de la première phrase du paragraphe. Ce type de transition a l'avantage d'être transparent et très souple.

Et c'est ainsi que se termina l'épisode qui rendit célèbre un inconnu.

   Ensuite, ...

Le paragraphe 1 termine en annonçant le paragraphe 2

La dernière phrase du paragraphe 1 contient une allusion au thème du paragraphe 2.
Ex. Ainsi, la crise économique explique en partie la montée de la violence, mais on ne doit pas oublier non plus d'autres causes comme notamment la facilité de l'achat d'armes à feu ou la très grande liberté des démocraties qui permet parfois à la violence terroriste de s'exprimer.

                               .../...

III La transition liaison

Enfin, une autre transition consiste à considérer la transition comme le lien entre 2 paragraphes : la fin de paragraphe contient déjà le germe de ce qui va être développé dans le paragraphe suivant.

- On peut faire allusion à un aspect **antinomique** de ce que l'on vient de traiter :
   …Dans notre société, l'épicurisme est donc devenu le moyen le plus répandu de vivre sa vie même si un grand nombre de personnes, à cause des difficultés rencontrées dans leur vie quotidienne, ont adopté une attitude philosophique très différente : le fatalisme.

En effet, ce dernier est lui aussi répandu, surtout parmi les basses classes de la population : …

- On peut aussi envisager une transition par à un aspect **parallèle** à ce que l'on vient de traiter :
   …Dans notre société, l'épicurisme est donc devenu un moyen très répandu de vivre sa vie. Il est facile de concilier l'épicurisme avec une autre philosophie très à la mode : le matérialisme.

Car que dire du matérialisme sinon qu'il est, pour beaucoup de personnes, la substance même qui va leur permettre d'être épicurien, dénaturant du même coup l'idéal philosophique d'Épicure…

- On peut également conclure un paragraphe par un élément **chiffré** (et ici restrictif) qui place la transition dans une logique inventaire numérique :

…Cette attitude philosophique est aujourd'hui très répandue même si elle ne vient qu'en second lieu.

En effet, aujourd'hui, la grande philosophie qui prévaut sur toutes les autres est…

Place des mots de transition

Les mots de transition lient les phrases entre elles et se situent généralement au début d'une phrase ou d'un paragraphe.

- Parfois, il est le premier mot de la phrase (ou du paragraphe) :
Ex.: Mon père est arrivé à 8 heures. **Donc**, nous avons mangé à 8 heures 15.
Ex.: Je vais vous parler de mon école. **D'abord**, je vais en mentionner les bons côtés …
Ex.: Il a échoué à son examen. **Néanmoins**, il me semble que …

Dans les phrases où le mot de transition est le premier mot, le style est plus abrupt, plus direct. Dans une transition d'opposition, celle-ci sera plus forte et plus tranchante.

- parfois il est parmi les premiers mots de la phrase (ou du paragraphe) :
Ex.: J'ai fait toute ma scolarité dans la même école. Je vais **d'abord** présenter les bons côtés : …
Ex.: Il a échoué à son examen. Il me semble **néanmoins** que …

Dans ce type de phrases, le style est plus coulant, plus fluide. Dans une transition d'opposition, celle-ci sera moins violente.

Écrire un paragraphe

Un texte est divisé en paragraphes. Le paragraphe met en évidence une idée spécifique. La structure générale d'un paragraphe est la même que celle qui régit tout texte :

l'introduction   le développement   la conclusion

L'introduction et la conclusion seront respectivement la première et la dernière phrase du paragraphe. Chacune doit clairement montrer sa fonction par l'usage des mots de transition et des généralités et élargissements qui doivent annoncer et clore le texte du paragraphe.

Pour qu'un paragraphe soit clair, il convient d'adopter l'**un** des deux types de raisonnement étudiés pour le plan de la composition :

- l'approche déductive interne au paragraphe (voir pp. 88 à 90)
- l'approche inductive interne au paragraphe (voir page 88 et page 91)

*Type de paragraphe **déductif** : le thème est souligné.*
Pour réussir dans la vie, l'intelligence est un atout absolument nécessaire. Tout le monde n'a pas le même degré d'intelligence comme cela est apparent dès les premières années de scolarité. Heureux donc ceux qui ont naturellement un esprit vif et une compréhension rapide des choses, car ils bénéficient d'un atout considérable pour mener à bien leur vie.

*Type de paragraphe **inductif** : le thème est souligné.*
Tout le monde peut-il réussir ? Il semble bien que non car autrement il y aurait beaucoup plus de gens riches. Alors pourquoi seulement certains arrivent-ils dans la vie ? Cette question pose le problème des capacités intellectuelles de chaque individu. On voit très bien, dès les premières années de scolarité, que tous n'ont pas la même vivacité d'esprit ni la même compréhension rapide des choses. Heureux donc ceux qui bénéficient de cet atout considérable qu'est l'intelligence qui devrait leur permettre de mener à bien leur vie.

Par-delà le type de plan utilisé, l'organisation des divers éléments à l'intérieur du paragraphe est fonction du choix de celui qui écrit. Ainsi, on peut adopter l'ordre d'idées que l'on veut, par exemple un ordre séquentiel de type temporel ou inventaire.

*Paragraphe **déductif** avec déroulement séquentiel temporel (structure temporelle soulignée)*

Pour réussir dans la vie, **l'intelligence** est un atout nécessaire. Dès les premières années de scolarité, les différences entre élèves se voient d'une manière plus qu'évidente. Les études universitaires continuent à sélectionner les plus doués. Plus tard, dans le domaine professionnel, la promotion et l'avancement sont souvent fonction du jugement de chaque individu. Tout le long de la vie, l'intelligence se révèle un atout pour mener à bien ses affaires.

*Paragraphe **inductif** avec déroulement séquentiel inventaire : (structure inventaire soulignée)*

Tout le monde peut-il réussir ? Il semble bien que non car autrement il y aurait beaucoup plus de gens riches. Alors pourquoi seulement certains arrivent-ils dans la vie ? Tout d'abord, tout le monde n'est pas équipé de la même capacité intellectuelle. Ensuite, certains savent utiliser leur jugement à bon escient en sautant sur les occasions à ne pas manquer là où certains ne savent pas se décider. Enfin, d'autres savent aussi appliquer leur raison et se retenir d'agir sous le coup d'une impulsion ou d'une impression mal ressenties. Heureux donc ceux qui bénéficient de cet atout qu'est **l'intelligence** qui devrait leur permettre de mener à bien leur vie.

Les critères du texte écrit

Le PIF

En rédigeant une composition ou une dissertation, l'étudiant s'efforcera – autant que faire se peut – de respecter les critères ci-dessous dans les trois domaines que sont le plan, les idées et le français.

A P.LAN

	Transitions	a fluidité du texte
		b clarté du sens
		c présence d'une structure
	Introduction	a annonce du thème général
		b annonce de l'idée en rapport avec le thème
		c présentation des thèmes
	Conclusion	a synthèse
		b élargissement du sujet

B I.DEES

	Pertinence	rester dans le sujet (éviter le hors-sujet)
	Originalité et proportion	a éviter les platitudes, les lapalissades
		b garder une juste proportion entre les différentes parties
	Cohérence (logique)	garder les idées en cohérence avec le plan suivi

C F.RANÇAIS

	Grammaire / orthographe	a maintenir un niveau élevé
		b vérifier règles de grammaire et orthographe des mots
	Niveau de langue	garder un niveau de langue soutenu et relevé
	Vocabulaire	utiliser un vocabulaire riche

Travailler son style

Tant à l'oral qu'à l'écrit, il faut s'efforcer d'écrire un français de qualité avec un vocabulaire varié et recherché en faisant appel aux synonymes aussi souvent que possible.

Malheureusement, certains mots apparaissent beaucoup trop souvent sous la plume des élèves alors qu'il existe souvent d'autres synonymes qui pourraient avantageusement être utilisés.

On donnera deux exemples typiques de ce phénomène :

Voici une phrase courante lors de l'analyse de texte : *Le texte à expliquer* **parle de** *la mort.*

I Le verbe **parler** dans ce sens est outrageusement utilisé alors qu'un grand nombre d'autres verbes peuvent souvent très bien le remplacer :

> Analyser
> Etudier
> Explorer
> Faire allusion à
> Faire référence à
> présenter
> Scruter
> Toucher à
> Traiter de, etc.

II On lit ou on entend souvent des phrases comme : *Il y a deux* **aspects** *principaux dans ce texte.*

Sans même s'étendre sur l'utilisation indigeste de l'expression « il y a » (dont on peut facilement éviter l'usage : ce texte présente deux aspects principaux : …) nous nous pencherons sur le mot : « aspects ».

L'utilisation du mot « aspects » est louable. En fait, il existe une longue liste de mots relevés qui peuvent s'employer dans ce contexte :

> Angle
> Argument
> Critère
> Elément
> Modèle
> Paramètre
> Partie
> Point
> Point de vue
> Question
> Sujet
> Thème etc.

H L'EXPLICATION DE TEXTE ÉCRITE

Le Cygne

Sans bruit, sous le miroir des lacs profonds et calmes,
Le cygne chasse l'onde avec ses larges palmes,
Et glisse. Le duvet de ses flancs est pareil
A des neiges d'avril qui croulent au soleil ;
5 Mais, ferme et d'un blanc mat, vibrant sous le zéphire,
Sa grande aile l'entraîne ainsi qu'un blanc navire.
Il dresse son beau col au-dessus des roseaux,
Le plonge, le promène allongé sur les eaux,
Le courbe gracieux comme un profil d'acanthe,
10 Et cache son bec noir dans sa gorge éclatante.
Tantôt le long des pins, séjour d'ombre et de paix,
Il serpente, et, laissant les herbages épais
Traîner derrière lui comme une chevelure,
Il va d'une tardive et languissante allure.
15 La grotte où le poète écoute ce qu'il sent,
Et la source qui pleure un éternel absent,
Lui plaisent ; il y rôde ; une feuille de saule
En silence tombée effleure son épaule.
Tantôt il pousse au large, et, loin du bois obscur,
20 Superbe, gouvernant du côté de l'azur,
Il choisit, pour fêter sa blancheur qu'il admire,
La place éblouissante où le soleil se mire.

Puis, quand les bords de l'eau ne se distinguent plus,
A l'heure où toute forme est un spectre confus,
25 Où l'horizon brunit rayé d'un long trait rouge,
Alors que pas un jonc, pas un glaïeul ne bouge,
Que les rainettes font dans l'air serein leur bruit,
Et que la luciole au clair de lune luit,
L'oiseau, dans le lac sombre où sous lui se reflète
30 La splendeur d'une nuit lactée et violette,
Comme un vase d'argent parmi des diamants,
Dort, la tête sous l'aile, entre deux firmaments.

Sully Prudhomme

Le Cygne de Sully Prudhomme : deux types de plan

> L'explication de texte écrite peut se concevoir selon deux types de plan :
>
> - le développement linéaire qui consiste à diviser le texte en **parties**.
> - le développement thématique qui analyse les différents **thèmes** selon un ordre logique.

I PLAN PAR PARTIES

4 parties distinctes sont clairement visibles à travers les mots séquentiels : tantôt v. 11 / tantôt v. 19 / puis v. 23

I	**vers 01-10**	le cygne	Description visuelle Le mouvement
II	**vers 11-19**	près de la rive	Règne de l'ombre et de la fraîcheur Règne de la méditation
III	**vers 20-22**	au large	Règne de la lumière
IV	**vers 23-32**	la nuit	Nature statique Beauté et sérénité

Conclusion   interprétation possible grâce aux vers 15 et 16

II PLAN PAR THÈMES

4 thèmes se dégagent du poème :

I   la beauté :

        Profusion de couleurs : azur-20, brun et rouge-25
                soleil-4, roseaux-7, acanthe-9, herbages-12

        Contrastes des couleurs :

                A blanc / sombre :
                    - le **blanc** qui apparaît un peu partout (notamment l'oiseau)
                    - le **sombre** (bec-10, berge-11, grotte-15)

                B nuit / lumière :
                  - la **nuit** v. 23-25 et
                  - la **lumière** : luciole, lune, nuit lactée, vase d'argent, diamants

II   le calme

        Contraste du silence et de quelques bruits
                - force du silence troublée par le seul bruit doux des rainettes-27

III la majesté :   - métaphore filée du navire v. 6 / 19 / 20

IV   l'infini :   - métaphore filée des 2 derniers vers

Conclusion   interprétation possible grâce aux vers 15 et 16

Il pleure dans mon cœur…

    Il pleure dans mon coeur
    Comme il pleut sur la ville.
    Quelle est cette langueur
4   Qui pénètre mon coeur?

    O bruit doux de la pluie
    Par terre et sur les toits!
    Pour un coeur qui s'ennuie,
8   O le chant de la pluie!

    Il pleure sans raison
    Dans ce coeur qui s'écoeure.
    Quoi! Nulle trahison?
12 Ce deuil est sans raison.

    C'est bien la pire peine
    De ne savoir pourquoi
    Sans amour et sans haine
16 Mon coeur a tant de peine.

                                 Verlaine

Méthode

Préparation du plan d'une explication de texte **thématique**

1 À l'aide de marqueurs de couleur différente, trouver les 3 à 4 thèmes majeurs du texte (un thème peut être un seul mot ou un groupe de mots)

2. Identifier les différentes occurrences d'un même thème à travers tout le texte (une même couleur par thème)

2. Placer les thèmes trouvés dans l'ordre logique d'explication du poème (pas nécessairement l'ordre d'apparition)

4. Donner l'idée qui sous-tend chaque thème (sous forme de phrase complète)

5. Placer ces idées dans l'ordre logique d'explication du poème et écrire un paragraphe par thème

6. Rattacher les idées entre elles par les mots de transition adéquats.

Utiliser cette méthode pour les trois poèmes figurant dans les pages suivantes.

Il pleure dans mon coeur ... de Verlaine

Explication de texte écrite
(voir méthode, page 120)

Dans son oeuvre poétique, Verlaine a associé, à maintes reprises, ses états d'âme et sa perception de la nature. Le poème: "Il pleure dans mon cœur…", est un magnifique exemple de poésie lyrique où l'accord entre les sentiments humains et la nature est parfait. Ce poème montre une tristesse extrême en même temps qu'il décrit un paysage sous la pluie. De la fusion parfaite entre ces deux éléments se dégagent la valeur et l'intérêt du poème.

Dès la première strophe, le poète confie ses états d'âme. la répétition du mot "coeur" (repris comme en écho dans toutes les strophes) ajoute à l'interrogation inquiète des vers 3 et 4 et met l'accent sur la tristesse qui envahit le poète. Cette tristesse est profondément liée à la notion de l'ennui (au vers 7). En fait, le poète ignore la raison profonde de sa mélancolie: (vers 13-14). Il semble que cette tristesse soit un mal profond (vers 16) mais sans rapport avec un chagrin d'amour ou une haine envers autrui. Seul, confronté à ce sentiment, le poète se trouve dans une situation douloureuse évoquée par le mot "deuil" (vers 12).

La présentation du sentiment de tristesse va de pair avec l'exposition d'un paysage dont on ne voit que quelques bribes ici et là : "la ville" (au vers 2), "la terre" et "les toits" (au vers 6). Mais ce qui unifie tout cela est le fait qu'il pleut sur la ville (vers 2). L'idée de pluie est reprise aux vers 2, 5, 6, et 8 de la deuxième strophe. Une évolution se dessine à travers cela : d'abord présentée comme un simple terme de comparaison avec la tristesse du coeur (v. 2), la pluie est ensuite vue comme un élément qui "correspond" (dans le sens des Correspondances de Baudelaire) à la tristesse du coeur (v. 7 et 8).

Ces deux thèmes importants de la pluie et de la tristesse sont finalement sublimés par Verlaine qui finit par les fondre complètement (v. 9 et 10). Cette fusion est également présente au niveau musical par la concordance de sons comme par exemple entre : il pleure/il pleut; langueur/ cœur ; pluie/s'ennuie... L'émotion de Verlaine s'exprime entièrement dans la double exclamation de la strophe 2. Enfin, la nausée dérivée de sa tristesse est mise en évidence par la rime interne du vers 10: "ce coeur qui s'écoeure ».

En présentant l'harmonie qui existe ente ses sentiments et la nature, Verlaine reprend un thème cher aux poètes romantiques. Dans ce poème, on perçoit cependant la marque spécifique de Verlaine par la qualité musicale qui fait ressortir toute la mélancolie du poète. Ce sentiment sans raison, auquel il ne peut attribuer aucune cause précise, ne serait-ce peut-être pas un résidu du "mal du siècle" des romantiques, ou du "spleen" de Baudelaire ? Et d'autre part, ne voit-on pas dans cet écœurement sans cause claire un avant-goût de la notion de l'absurde qui sera une caractéristique majeure du surréalisme naissant ?

Ce poème est-il étudié chronologiquement ou thématiquement ?
Quels sont les différents thèmes traités dans cette explication ?
Quelle est la progression suivie dans la présentation des thèmes ?
Par quel procédé technique la conclusion finit-elle ?

Le Sommeil du Condor

     Par-delà l'escalier des roides Cordillères,
     Par-delà les brouillards hantés des aigles noirs,
     Plus haut que les sommets creusés en entonnoirs
     Où bout le flux sanglant des laves familières,
5   L'envergure pendante et rouge par endroits,
     Le vaste Oiseau, tout plein d'une morne indolence,
     Regarde l'Amérique et l'espace en silence,
     Et le sombre soleil qui meurt dans ses yeux froids.
     La nuit roule de l'est, où les pampas sauvages
10 Sous les monts étagés s'élargissent sans fin ;
     Elle endort le Chili, les villes, les rivages,
     Et la mer Pacifique, et l'horizon divin ;
     Du continent muet elle s'est emparée :
     Des sables aux coteaux, des gorges aux versants,
15 De cime en cime, elle enfle, en tourbillons croissants,
     Le lourd débordement de sa haute marée.
     Lui, comme un spectre, seul, au front du pic altier,
     Baigné d'une lueur qui saigne sur la neige,
     Il attend cette mer sinistre qui l'assiège :
20 Elle arrive, déferle, et le couvre en entier.
     Dans l'abîme sans fond la Croix australe allume
     Sur les côtes du ciel son phare constellé.
     Il râle de plaisir, il agite sa plume,
     Il érige son cou musculeux et pelé,
25 Il s'enlève en fouettant l'âpre neige des Andes,
     Dans un cri rauque il monte où n'atteint pas le vent,
     Et, loin du globe noir, loin de l'astre vivant,
     Il dort dans l'air glacé, les ailes toutes grandes.

Poèmes barbares de Leconte de Liste

« Le Sommeil du Condor » de Leconte de Lisle

Explication de texte écrite
(voir méthode page 120)

> Ce poème est étudié selon l'**approche thématique** (qui correspond ici à la **chronologie** du poème) : les thèmes, annoncés en fin d'introduction et marqués en gras sont ensuite étudiés à raison d'un thème par paragraphe : pararagraphe 2 : l'**aire** inaccessible du Condor, paragraphe 3 : l'arrivée de la **nuit** et paragraphe 4 : l'**envol** du vaste oiseau pour échapper aux ténèbres.

Le Sommeil du Condor est extrait du recueil *Poèmes barbares* de Leconte de Lisle. Le poète y décrit dans une poésie totalement impassible la majesté de cet oiseau mythique. Du haut des Andes, dans son **aire** inaccessible, le Condor règne sur le continent sud-américain et domine même la **nuit**, cette « marée » (v.16) déferlante qui submerge tout mais à laquelle il tente d'**échapper** dans un envol suprême vers les hauteurs infinies.

L'**aire** du Condor est un endroit difficile d'accès, au sommet de l' « escalier » (v. 1) que forment les Andes escarpées, image métaphorique rehaussée par les monts « étagés » (v. 10) qui en font un lieu quasiment inaccessible et dont la difficulté d'accès est accentuée par la double anaphore du début du poème : « par-delà ». De plus, cet endroit apparaît dangereux et menaçant par la présence de volcans en activité et leur lave « sanglante » (v. 4). C'est sur cet environnement fantasmagorique que règne le « vaste Oiseau » (v. 6) « aux yeux froids » (v. 8), silencieux et indolent (v. 6 et 7).

Du point d'observation qui est le sien, le Condor voit de très loin arriver, de l'est, comme une véritable « marée » (v. 16), la **nuit** qui « roule » (v. 9) et grandit à mesure qu'elle avance, qui « enfle » (v. 15) et plonge le continent entier dans une sorte de sommeil léthargique (v. 11). Cette métaphore filée marine présente la progression de la nuit comme un véritable raz de marée, qui « déferle » (p. 20) et engloutit tout sur son chemin et qui n'a comme limites que les « côtes » (v. 22) du ciel gardées par le « phare » (v. 22) que constitue la Croix du Sud.

Le Condor, seul, altier et impassible, « attend » (v. 19) l'arrivée de cette « mer sinistre » (v. 19) qu'il observe parmi les lueurs rougeâtres du coucher de soleil. Il projette une image de force tranquille au milieu d'un décor effrayant constitué par les reflets rouge sang (v. 18) du soleil sur la neige et les rougeoiements des laves volcaniques (v. 4). Et lorsque, dans le ciel, apparaissent les étoiles qui accompagnent la nuit, il s'active soudain, et à travers une triple anaphore (v. 23, 24 et 25) complétée par une succession d'actions soudaines et rapides, il prend vie et montre une véritable frénésie lorsqu'il prend son **envol**, s'enlevant à la pesanteur et s'éloignant à tire d'ailes loin du « globe noir » (v. 27) dans les profondeurs de « l'abîme sans fond » (v. 21) pour rester seul au-dessus du lot commun.

Cette poésie propose de magnifiques descriptions d'une nature sauvage et dangereuse. A la fin du poème, le sommeil du Condor est le seul aspect de ce texte qui peut prêter quelque peu à interprétation : à travers l'attitude hautaine et fière du Condor (v. 17), on peut imaginer aussi celle du poète, de sa solitude parmi les hommes, ainsi que de son aspiration à l'idéal et à la liberté absolue qui est celle que trouve le « vaste Oiseau » dans les espaces infinis du ciel.

Demain, dès l'aube ...

Demain, dès l'aube, à l'heure où blanchit la campagne,
Je partirai. Vois-tu, je sais que tu m'attends.
J'irai par la forêt, j'irai par la montagne.
4   Je ne puis demeurer loin de toi plus longtemps.

Je marcherai les yeux fixés sur mes pensées,
Sans rien voir au dehors, sans entendre aucun bruit,
Seul, inconnu, le dos courbé, les mains croisées,
8   Triste, et le jour pour moi sera comme la nuit.

Je ne regarderai ni l'or du soir qui tombe,
Ni les voiles au loin descendant vers Harfleur,
Et quand j'arriverai, je mettrai sur ta tombe
12   Un bouquet de houx vert et de bruyère en fleur.

Victor Hugo

« Demain, dès l'aube ... » de Victor Hugo

Explication de texte écrite
(voir méthode, page 120)

> Ce poème est étudié selon l'**approche thématique**. Les différents thèmes sont analysés chacun dans son paragraphe: la nature, la tristesse, la mort et l'espoir (qui fournit une conclusion idéale).
> L'approche thématique se base sur les mêmes thèmes qu'une explication de texte orale. Voir pp. 142-143

Le poème « Demain, dès l'aube... » est extrait des *Contemplations*, le grand recueil lyrique de Victor Hugo dont le thème central est la tristesse de l'auteur affecté par la mort de sa fille Léopoldine noyée dans la Seine. Le poème « Demain, dès l'aube... » décrit un voyage qu'entreprend le narrateur qui n'est en réalité autre que Victor Hugo. Ce poème qui baigne dans une atmosphère élégiaque se déroule au milieu d'un décor **naturel** et magnifique que le **triste** voyageur traverse, absorbé par son monde intérieur et sa douleur devant la **mort**.

****

Le voyageur part le matin, « dès l'aube » (vers 1), pour une marche qui va durer jusqu'au soir (vers 9). La longueur du voyage est mise en évidence par le fait que sa description se déroule du vers 1 au vers 11. La **nature** que V. Hugo traverse est magnifique, notamment le spectacle du soleil couchant et des bateaux descendant la Seine (vers 10), rehaussé par une magnifique métaphore décrivant le soleil : « l'or du soir » (vers 9) et une synecdoque se référant aux bateaux : « les voiles » (vers 10) voguant sur le fleuve. Cependant, le promeneur ne prête pas attention à ce qui l'entoure : il est coupé de la réalité physique (vers 6) et reste indifférent à cette beauté car il est tourné vers ses pensées qui l'accaparent entièrement (vers 5).

Non seulement le voyageur ne remarque pas la beauté de la nature mais encore il est insensible à tout ce qui l'entoure, ne faisant aucune différence entre le jour et la nuit (vers 8). L'indifférence du voyageur pour la nature qu'il traverse accentue la profondeur de la **tristesse** et de la douleur qu'il ressent. Et pourtant, bien qu'il ne réagisse pas à la beauté du paysage, sa souffrance apparaît en harmonie avec la nature qui l'entoure, selon le canon romantique qui fait correspondre aux sentiments intérieurs une description de la nature qui l'explique : en effet, le fait d'avoir cueilli un bouquet de bruyère en fleur (vers 12) indique que la saison est l'automne (époque où fleurit la bruyère), saison du déclin, de l'approche de l'hiver, de l'annonce de la mort, autant de détails qui correspondent aux tristes pensées du voyageur.

Si la première strophe pouvait faire penser que le voyageur se rendait à un rendez-vous amoureux ou à une rencontre joyeuse, cette illusion disparaît complètement lorsque l'on découvre, avec le mot « tombe » (vers 11), l'irruption de la **mort** : Hugo se rend en fait dans un cimetière pour s'incliner sur la tombe d'un être cher (vers 11), ce qui confère au poème une dimension élégiaque très forte. La fin du poème constitue donc une énorme surprise. Une fois cette prise de conscience accomplie, la signification du poème acquiert une autre dimension : plusieurs détails troublants à la première lecture prennent un sens nouveau, notamment le fait que V. Hugo est « triste » et qu'il va « le dos courbé » par le chagrin qui l'écrase (vers 8) et aussi l'indifférence qu'il manifeste pour la beauté du spectacle qui s'étend devant lui (vers 9-10).

****

Cependant, l'irruption de la mort à la fin du poème est transcendée dans le dernier vers : le bouquet que Victor Hugo dépose sur la tombe de sa fille noyée accidentellement représente un dépassement de la mort. Le symbolisme attaché d'une part au houx, plante vivace et toujours verte, donc symbole d'**espoir** et d'autre part à la bruyère, une plante qui fleurit à l'automne, saison synonyme de déclin et annonciatrice de la mort, termine le poème par une note d'espérance qui transforme le ton élégiaque du poème en laissant espérer une suite à la mort, ce qu'indique très clairement le mot « fleur » (vers 12) qui termine le poème.

Cinq aspects majeurs pour l'explication de poème

L'anaylse d'un poème peut se révéler difficile tant la versification est parfois technique. A cet effet, il faut ne pas oublier les aspects poétiques suivants :

I : Lecture : trois difficutés importantes de la lecture poétique :

1 **L'enjambement** : mettre une flèche à la fin d'un vers pour marquer un enjambement. Ne jamais faire de pause à la fin d'un tel vers pendant la lecture.
2 la **liaison** : relier par un trait les deux mots qui forment une liaison vocale. Attention au problème du e muet (voir plus bas)
3 le **rejet** : mettre une barre oblique après un rejet et faire une pause à la lecture.

Rappel des trois règles concernant le rôle du e muet dans la rythmique du poème :
1 le e muet final d'un mot dans le vers ne se prononce jamais devant une voyelle
2 le e muet final d'un mot dans le vers se prononce toujours devant une consonne *
3 le e muet final d'un vers ne se compte jamais

* Exception avec la lettre H parfois

II : Structure du poème : trois règles pour décrire la structure d'un poème :

1 **la dimension verticale** : déterminer si le poème est à forme fixe (sonnet, balade)
2 **la dimension horizontale** : découvrir le rythme des vers (nombre de pieds)
3 **la dimension finale des vers** : la rime : 3 aspects : disposition, qualité, genre

III : Rime : trois points à analyser concernant la rime :

1 la **disposition** des rimes : 3 types : simples (aabb), alternées (abab), embrassées (abab)
2 la **qualité** des rimes : 3 types : pauvres (1 son commun), normale (2), riche (3 +)
3 le **genre** des rimes : rimes féminines (finissant avec un e muet) ou masculines

IV : Contenu : trois aspects majeurs :

1 les **thèmes** : marquer de couleurs différentes les endroits où se trouve chaque thème
2 les **idées** : retracer chaque idée dans sa linéarité ou dans sa diffusion dans le poème
3 le **message** : s'il y en a un, il faut prendre du recul par rapport au texte pour le trouver

Il est parfois difficile de trouver des idées, voire des thèmes, dans un poème. A cet, effet, lire les pages intitulées : « Comment trouver des idées dans un texte» pp. 40-41.

V : Style : trois aspects importants :

1 **les figures stylistiques** : trouver métaphores, comparaisons, périphrases, etc.
2 **le ton du texte** : chercher le(s) ton(s) en lisant le poème à haute voix (voir pp. 153-155)
3 **le vocabulaire** : classer les mots par catégorie grammaticale, niveau de langue, etc.

L'ORAL

I PARLER EN PUBLIC

MÉTHODE DU FIL ROUGE

Explication de la méthode du fil rouge

Cette méthode permet de développer une compétence pour l'exposé oral. L'orateur apprend à faire un discours sans le lire.

La feuille présente deux colonnes : à gauche le fil rouge, à droite le texte de l'exposé.
Le fil rouge est une liste chronologique des thèmes de l'exposé regroupés en chapitres.
Le but est que l'élève parvienne à présenter à un groupe un exposé en parlant et non en lisant.

Pratique de la méthode

Pour être efficace, la méthode exige beaucoup de pratique orale de l'élève et demande de passer à toute nouvelle étape lorsque l'étape précédente est bien maîtrisée.

La méthode comprend **6 étapes** :
   1. remplissage du texte à trous (voir p, 131)
   2. lecture à haute voix du texte complet avec conviction (voir p. 131)
   3. pratique orale du texte avec trous (colonne de droite) (voir p. 131)
   4. pratique orale avec le seul fil rouge **détaillé** (titres des chapitres, thèmes, …) (voir p. 132)
   5. pratique orale avec le seul fil rouge **sommaire** (titres des chapitres seulement) (voir p. 133)
   6. pratique orale sans aucun support

Explication de la méthode
   1. D'abord, il faut remplir le texte à trous (par écrit et / ou par oral).
   2. Ensuite, il faut le lire à haute voix pour acquérir le sens et la globalité du message.
   3. L'élève présente oralement le texte à trous (colonne de droite) qu'il faut combler en parlant.
   4. On présente l'exposé avec le seul support du fil rouge détaillé (colonne de gauche)
   5. Ensuite, on refait l'exposé avec le seul support du fil rouge sommaire, (afin de canaliser le sens de la présentation et de prévenir les hésitations en cas de blanc par exemple).
   6. Enfin, on s'essaie à présenter l'exposé sans aucun support écrit.

Sujets d'exposés oraux

Il faut commencer par des sujets personnels faciles parce que connus par l'élève.
Chaque exposé permet de travailler un thème de **vocabulaire** spécial.
Certains thèmes permettent de pratiquer ou de réviser des aspects **grammaticaux**.
Par la suite, on peut donner des sujets littéraires nécessitant une recherche bibliographique.

Sujets faciles pour débutants	**Thèmes à travailler**
• Ma famille	présent de l'indicatif
• Ma jeunesse	passé composé
• Mon horaire journalier	l'heure et les chiffres
• Mes activités quotidiennes	verbes pronominaux
• Mes grands-parents	imparfait de l'indicatif
• Les élèves de ma classe	expressions de comparaison
• Mes goûts	loisirs
• Mon pays	géographie
• Ma vie à l'école	disciplines scolaires

MOI I
Étapes 1, 2, 3

- **Fil rouge**   **texte de l'exposé**
- **1 IDENTITÉ**
- Prénom et nom   1. Je m'appelle _____.
- Date / lieu de naissance   2. Je suis né(e) le _____ à _____.
- Âge et nationalité   3. J'ai _____ ans et je suis _____.
- Adresse : ville   4. J'habite actuellement à _____,
- Adresse : pays   5. en / au / aux _____.
- **2 PHYSIQUE**
- Taille   6. Je mesure ____mètre _____ (centimètres) et
- Poids   7. je pèse _____ kilos.
- Sexe   8. Je suis de sexe _____.
- Cheveux : couleur, taille   9. J'ai les cheveux _____. Ils sont _____.
- Peau : couleur et teint   10. J'ai la peau _____ et le teint _____.
- Santé   11. D'une manière générale, je suis en _____ santé.
- **3 ÉTUDES**
- École fréquentée   12. Actuellement, je suis étudiant à / au / à l' / à la _____.
- Programme d'études   13. Je suis en _____ année du programme de_____.
- Horaire du matin   14. Le matin, j'étudie de _____ h à _____ h.
- Horaire de l'après-midi   15. L'après-midi, j'ai classe de _____ h à _____ h.
- Horaire hebdomadaire   16. Mon horaire hebdomadaire est de _____ heures qui se divise
- Disciplines   en ____ heures de _____, et __ heures de _____,
- **4 PERSONNALITÉ**
- Tempérament   17. J'ai un tempérament _____ et (plutôt) _____
- Qualités   18. Je suis _____ et _____.
- Défauts   19. Mais je suis aussi _____ et même parfois _____ :
- Philosophie de la vie   20. Dans la vie, je suis plutôt _____.

MOI II
Étape 4

- **Fil rouge détaillé**   texte de l'exposé
- **1 IDENTITÉ**
- Prénom et nom   .
- Date/lieu de naissance   .
- Âge et nationalité   .
- Adresse : ville   .
- Adresse : pays   .
- **2 PHYSIQUE**
- Taille   .
- Poids   .
- Sexe   .
- Cheveux : couleur, taille .
- Peau : couleur et teint   .
- Santé   .
- **3 ÉTUDES**
- École fréquentée   .
- Programme d'études   .
- Horaire du matin   .
- Horaire de l'après-midi   .
- Horaire hebdomadaire   .
- Disciplines   .
- **4 PERSONNALITÉ**
- Tempérament   .
- Qualités   .
- Défauts   .
- Philosophie de la vie   .

MOI III
Étape 5

- **Fil rouge sommaire**   texte de l'exposé
- **1 IDENTITÉ**
  - .   .
  - .   .
  - .   .
  - .   .
  - .   .

- **2 PHYSIQUE**
  - .   .
  - .   .
  - .   .
  - .   .
  - .   .
  - .   .

- **3 ÉTUDES**
  - .   .
  - .   .
  - .   .
  - .   .
  - .   .

- **4 PERSONNALITÉ**
  - .   .
  - .   .
  - .   .

Mon pays I
Étapes 1,2,3

- **Fil rouge**   texte de l'exposé

- **IDENTITÉ**
  - Nom du pays   Je suis originaire de / du / de la _____.
  - Langue nationale   Dans mon pays, on parle _____.
  - Couleurs du drapeau   Les couleurs du drapeau national sont : _____.
  - Date de la fête nationale La fête nationale se célèbre le _____.
  - Nom de l'hymne national et l'hymne national se nomme _____.

- **POPULATION**
  - Population totale   Mon pays comprend _____ habitants.
  - Capitale   La capitale se nomme _____.
  - Population de la capitale Elle compte _____ habitants.
  - Villes principales   Les autres villes principales sont : _____.

- **GÉOGRAPHIE**
  - Localisation : continent   Mon pays se trouve en _____,
  - Localisation : hémisphère dans l'hémisphère _____.
  - Climat   Il bénéficie d'un climat _____.
  - Noms des rivières   Les grandes rivières se nomment : _____
  - Noms des montagnes   et les chaînes de montagne : _____.
  - Pays voisins   Les pays voisins sont : _____.
  - Superficie en km^2 La superficie totale du pays est de _____ km^2.

- **CULTURE**
  - Sports populaires   Les sports les plus populaires sont _____.
  - Spécialités culinaires   et les plats les plus connus de mon pays sont : _____.

Mon pays II
Étape 4

Fil rouge détaillé	texte de l'exposé
IDENTITÉ	
Nom du pays	.
Langue nationale	.
Couleurs du drapeau	.
Date de la fête nationale	.
Nom de l'hymne national	.
POPULATION	
Population totale	.
Capitale	.
Population de la capitale	.
Villes principales	.
GÉOGRAPHIE	
Localisation : continent	.
Localisation : hémisphère	.
Climat	.
Noms des rivières	.
Noms des montagnes	.
Pays voisins	.
Superficie en km^2	.
CULTURE	
Sports populaires	.
Spécialités culinaires	.

Mon pays III
Étape 5

Fil rouge sommaire　　　texte de l'exposé

IDENTITÉ

.
.
.
.
.
.

POPULATION

.
.
.
.
.

GÉOGRAPHIE

.
.
.
.
.
.
.

CULTURE

.
.
.
.

J   L'EXPLICATION DE TEXTE ORALE

Le plan L.I.C.P.E.C.

Schéma de plan pour explication orale de texte

L.I.C.P.E.C.

> Le plan idéal en 6 parties pour une explication orale de texte est le **L.I.C.P.E.C.**
> Les mots de ces 6 parties (colonne de gauche) donnent l'acronyme L.I.C.P.E.C.

(L.ecture) (la lecture du texte est optionnelle. Il est bon de lire quelques phrases lorsqu'on est nerveux. Cela sert à se clamer).

I.ntroduction a auteur

  b époque / oeuvre

C.ontexte a général

  b spécifique

P.résentation annonce des thèmes (ou des parties) dans l'ordre à traiter

E.xplication 1. Thème 1

  2. thème 2

  3. thème 3

  4. thème 4

C.onclusion a synthèse

  B élargissement

Plan pour explication de texte orale

L.I.C.P.E.C.

> Le plan d'une explication orale de texte est un **L.I.C.P.E.C.**
> Cet acronyme reprend **la première lettre** (en rouge) des parties du plan.
> Pour une explication écrite de texte, on saute la lecture mais tout le reste est semblable.

1 L.ECTURE
- Lire le (début du) texte <u>lentement</u> et <u>avec émotion</u>

2 I.NTRODUCTION
a Mentionner **l'auteur**, **l'époque**, **l'école littéraire** le cas échéant
b Puis parler de **l'oeuvre** d'où est extrait le texte à étudier

3 C.ONTEXTE
- a **Contexte général** : le donner dans ses grandes lignes et très brièvement
- b **Contexte immédiat** : le détailler et le mettre en évidence

4 P.RÉSENTATION DE L'EXPLICATION
- a Annoncer **l'idée principale** qui gouverne ce texte
- b Présenter les **parties** ou les **thèmes** du texte qui seront la structure de l'explication orale
    - pour chaque **partie**: - mentionner la 1ᵉ et la dernière ligne et donner un titre
    - pour chaque **thème** :- l'énoncer et le mettre en rapport avec les autres thèmes

5 E.XPLICATION *
- On dit tout ce qu'il y a d'important dans le texte en suivant soit l'explication par **parties** soit l'explication par **thèmes**, selon ce que l'on a annoncé dans la présentation.
- Ici, l'étudiant doit développer assez longuement ses idées sur le texte. Il faut combiner à la fois les idées sur le **contenu**, le fond ou les idées (Que dit l'écrivain dans ce texte ?) et sur le **contenant**, la forme ou le style (Comment l'écrivain communique-t-il ses idées ?)

* Cette partie est la plus importante et dure au moins 50 % du temps de l'exposé

6 C.ONCLUSION
La conclusion comprend en général deux parties :
- a une **synthèse** de ce qui ressort de plus important de l'étude du texte
- b un **élargissement** du sujet qui peut être :
    - soit une opinion personnelle (je pense que ...)
    - soit l'évocation de quelque chose en rapport avec le sujet qui permet de conclure par une comparaison, une allusion, une question…

Boule de Suif de Maupassant : Incipit

Pendant plusieurs jours de suite, des lambeaux d'armée en déroute avaient traversé la ville[1]. Ce n'était point de la troupe, mais des hordes débandées. Les hommes avaient la barbe longue et sale, des uniformes en guenilles, et ils avançaient d'une allure molle, sans drapeau, sans régiment. Tous semblaient accablés, éreintés, incapables d'une pensée ou d'une résolution, marchant seulement par habitude, et tombant de fatigue sitôt qu'ils s'arrêtaient. On voyait surtout des mobilisés, gens pacifiques, rentiers tranquilles, pliant sous le poids du fusil ; des petits moblots[2] alertes, faciles à l'épouvante et prompts à l'enthousiasme, prêts à l'attaque comme à la fuite ; puis, au milieu d'eux, quelques culottes rouges[3], débris d'une division moulue dans une grande bataille ; des artilleurs sombres alignés avec ces fantassins divers ; et, parfois, le casque brillant d'un dragon[4] au pied pesant qui suivait avec peine la marche plus légère des lignars.[5]

Des légions de francs-tireurs[6] aux appellations héroïques : « les Vengeurs de la Défaite – les Citoyens de la Tombe – les Partageurs de la Mort » - passaient à leur tour, avec des airs de bandits.

Leurs chefs, anciens commerçants en draps ou en graines, ex-marchands de suif ou de savon, guerriers de circonstance, nommés officiers pour leurs écus ou la longueur de leurs moustaches, couverts d'armes, de flanelle et de galons, parlaient d'une voix retentissante, discutaient plans de campagne, et prétendaient soutenir seuls la France agonisante sur leurs épaules de fanfarons ; mais ils redoutaient parfois leurs propres soldats, gens de sac et de corde, souvent braves à outrance, pillards et débauchés.

Les Prussiens allaient entrer dans Rouen, disait-on.

La Garde nationale[7], qui, depuis deux mois, faisait des reconnaissances très prudentes dans les bois voisins, fusillant parfois ses propres sentinelles, et se préparant au combat quand un petit lapin remuait sous des broussailles, était rentrée dans ses foyers. Ses armes, ses uniformes, tout son attirail meurtrier dont elle épouvantait naguère les bornes des routes nationales à trois lieues à la ronde, avaient subitement disparu.

Les derniers soldats français venaient enfin de traverser la Seine pour gagner Pont-Audemer par Saint-Sever et Bourg-Achard, et, marchant après tous, le général, désespéré, ne pouvant rien tenter avec ces loques disparates, éperdu lui-même dans la grande débâcle d'un peuple habitué à vaincre et désastreusement battu malgré sa bravoure légendaire, s'en allait à pied, entre deux officiers d'ordonnance.

Puis un calme profond, une attente épouvantée et silencieuse avaient plané sur la cité. Beaucoup de bourgeois bedonnants, émasculés par le commerce, attendaient anxieusement les vainqueurs, tremblant qu'on ne considérât comme une arme leurs broches à rôtir ou leurs grands couteaux de cuisine.

La vie semblait arrêtée, les boutiques étaient closes, la rue muette. Quelquefois un habitant, intimidé par ce silence, filait rapidement le long des murs.

L'angoisse de l'attente faisait désirer la venue de l'ennemi.

Dans l'après-midi du jour qui suivit le départ des troupes françaises, quelques uhlans[8], sortis on ne sait d'où, traversèrent la ville avec célérité. Puis, un peu plus tard, une masse noire descendit de la côte Sainte-Catherine, tandis que deux autres flots envahisseurs apparaissaient par les routes de Darnetal et de Boisguillaume. Les avant-gardes des trois corps, juste au même moment, se joignirent sur la place de l'Hôtel-de-Ville ; et, par toutes les rues voisines, l'armée allemande arrivait, déroulant ses bataillons qui faisaient sonner les pavés sous leur pas dur et rythmé.

1 Rouen. Il s'agit de l'invasion de la France et de la Normandie par l'armée prussienne en 1870.
2 Moblots : soldats de la garde mobile, souvent peu disciplinés et mal entraînés
3 Culottes rouges : soldats de l'infanterie   4 Dragon : soldat de la cavalerie
5 Lignard : nom populaire désignant les fantassins   6 Francs-tireurs : compagnies de soldats particulièrement redoutés
7 Garde nationale : formation militaire en charge de la défense des villes   8 Uhlan : cavalier prussien

Plan pour explication de texte orale
LICPEC
incipit de *Boule de Suif* de Maupassant
Approche **linéaire (par parties)**

(Les références de page sont celles du texte en page 140 du présent ouvrage)

L		**(lecture)**		
I	**Auteur** :	Maupassant / 19ᵉ siècle		
		le maître de la nouvelle en France (plus de 300)		
		Entre réalisme (Flaubert) et naturalisme (Zola)		
	Œuvre :	Boule de Suif – une de ses plus célèbres nouvelles		
C	**général** :	guerre de 1870 gagnée par la Prusse contre le 2ᵉ Empire		
	Spécifique :	incipit de la nouvelle		
		plongée dans le conflit et invasion de la France par la Prusse		
P	**3 parties**	1. lignes 1-29 : la déroute de l'armée française		
		2. lignes 30-36 : l'attente de l'ennemi		
		3. lignes 37-42 : l'invasion par l'armée prussienne		

E **1. La déroute**   A. La déroute de l'armée française est mise en évidence par :

    1. vocabulaire du premier paragraphe qui montre :

manque d'hygiène :	sale-2	guenilles-3
manque de repos :	éreintés-4	tombant de fatigue-5
manque de discipline :	hordes débandées-2	
manque de courage :	épouvante-7	fuite-7
manque de fraîcheur :	pesant-10	avec peine-10
manque de moral :	allure molle-3	sans drapeau-3

    2. l'ordre chaotique et incohérent d'apparition des 8 corps d'armée différents

mobilisés-5	moblots-6	culottes rouges-8
artilleurs-8	dragon-9	francs-tireurs-11
chefs-13	le général-26	

    mini-conclusion : le manque d'entrain et d'ardeur est général à l'armée

B. Critique impitoyable de l'armée :
    1. népotisme et corruption des chefs : ligne 14 -argent et moustache
    2. couardise et lâcheté de la Garde nationale : lignes 21-22 -sentinelles et petit lapin
mini-conclusion : la débâcle est due à la corruption de l'armée et des politiciens

2. L'attente   A. Angoisse des civils : 30-36
B. Critique féroce des commerçants :   - bedonnants-31 (ne pensant qu'au plaisir)
                                                            - émasculés-31 (ne pensant qu'à l'argent)
                                                            - tremblant-32 (peur proche de la lâcheté)
mini-conclusion : attaque violente contre les bourgeois parasites, profiteurs et lâches

3. L'invasion   Caractéristiques de l'armée prussienne :   - célérité-38
                                                      - force et puissance : masse noire 38-39
                                                      - organisation : 3 corps d'armée 40-42
                                                      - rythme et ordre : dur et rythmé : 41-42
mini-conclusion : impression de force formidable du rouleau compresseur prussien

C   **synthèse**   Comparaison contrastée entre les 2 armées française et allemande :
Aux défauts de l'armée française répondent les qualités de l'armée allemande

Élargissement   Présence énorme de Maupassant qui apparaît ici moins antimilitariste que pourfendeur de l'incompétence et de la corruption de la société française

Approches linéaire (par parties) et thématique

Que l'on prépare un texte pour une explication orale ou pour une explication écrite (rédaction d'un texte), il existe 2 approches majeures pour analyser un texte : l'approche par parties dite **approche linéaire** et l'approche par thèmes dite **approche thématique** (voir pages 118 et 119).

L'approche linéaire, surtout dans une explication orale, peut très bien se justifier, en dépit du fait qu'elle présente des difficultés, notamment les dangers de répétitions ou de dilution dans les détails.

D'une manière générale, chaque fois que c'est possible, on préférera l'approche thématique, plus souple et plus claire.

Les deux textes suivants, aux pages 142-143 et 144-145, ont été analysés selon l'approche thématique. Ils sont présentés pour une explication orale.

On pourra s'inspirer de l'explication de texte écrite aux pages 124-125 qui suit également une approche thématique.

« Demain, dès l'aube ... »

Demain, dès l'aube, à l'heure où blanchit la campagne,
Je partirai. Vois-tu, je sais que tu m'attends.
J'irai par la forêt, j'irai par la montagne.
4   Je ne puis demeurer loin de toi plus longtemps.

Je marcherai les yeux fixés sur mes pensées,
Sans rien voir au dehors, sans entendre aucun bruit,
Seul, inconnu, le dos courbé, les mains croisées,
8   Triste, et le jour pour moi sera comme la nuit.

Je ne regarderai ni l'or du soir qui tombe,
Ni les voiles au loin descendant vers Harfleur,
Et quand j'arriverai, je mettrai sur ta tombe
12 Un bouquet de houx vert et de bruyère en fleur.

Victor Hugo

Plan pour explication de texte orale
LICPEC
Approche thématique
(Voir aussi l'explication écrite du même poème, pages 124-125)

« Demain, dès l'aube… » de Victor Hugo

L.ecture :   Difficultés :   v. 2 : rejet   v. 7 : coupures   v. 8 : rejet   v. 11 : enjambement

I.ntroduction   **Auteur** :   - V. Hugo, le chef de l'école romantique du 19e siècle
                                   - un des géants de la littérature française et mondiale
                   Œuvre :   *Demain, dès l'aube*, … un très célèbre poème des *Contemplations*

C.ontexte   **général** :   *Les Contemplations* : recueil d'inspiration surtout lyrique et élégiaque
                spécifique :   Victor Hugo clame sa douleur suite à la mort de Léopoldine, sa fille

P.résentation   **3 thèmes**   1. le voyage et la nature   2. la tristesse   3. la mort

E.xplication   **1. Le voyage**   A. La longueur du voyage
                                         v.1 dès l'aube   v. 2 départ
                                         v.3 accumulation des endroits   v.11 fin du voyage
                                      B. Magnificence de la nature
                                         v.10 soleil couchant   v.10 voiles sur le fleuve
                   mini-conclusion :   **malgré la beauté de la nature, impression de malaise-9-10**

                   2. La tristesse   A. Tout d'abord, vers 4 plein de promesses
                                         B. Puis, changement brutal : v.6 et surtout 7 et 8
                   mini-conclusion :   **contraste** assez fort entre espoir de strophe 1 et chute de strophe 2
                                           correspondance v. 7-8 tristesse et v.12 saison de l'automne

                   3. La mort   A. v.9-10 Désintérêt pour la beauté de la nature
                                    B. v.11 Cause du désintérêt : prélude du mot choquant : « tombe »
                   mini-conclusion :   **ton principal du poème : élégiaque**

C.onclusion   **Synthèse**   - Mélange de faux espoir v.4 et de tristesse tragique v.11
                                 - fin surprise : la mort n'est jamais apparue clairement à la 1e lecture
                                 - A la 2e lecture, signes prémonitoires des vers 6, 7, 8, 9-10 et même 4.

                 Élargissement Note d'immense espoir dans le dernier vers à travers :
                         1. vocabulaire positif :
                                 a. vert (couleur de l'espoir)
                                 b. fleur (dernier mot du poème !)
                         2. vocabulaire symbolique d'espoir :
                                 a. houx (toujours vert)
                                 b. bruyère (fleurit à l'automne, saison de la fin = mort)
Dernier vers montre l'espoir d'Hugo d'une vie dans l'au-delà où il reverra sa fille

Le sonnet d'Arvers

Mon coeur a son secret, ma vie a son mystère;
Un amour éternel en un moment conçu:
Le mal est sans espoir, aussi j'ai dû le taire,
4   Et celle qui l'a fait n'en a jamais rien su.

Hélas! j'aurai passé près d'elle inaperçu,
Toujours à ses côtés, et pourtant solitaire
Et j'aurai jusqu'au bout fait mon temps sur la terre,
8   N'osant rien demander et n'ayant rien reçu.

Pour elle, quoique Dieu l'ait faite douce et tendre,
Elle ira son chemin, distraite et sans entendre
11   Ce murmure d'amour élevé sur ses pas;

A l'austère devoir, pieusement fidèle,
Elle dira, lisant ces vers tout remplis d'elle:
14   «Quelle est donc cette femme?» et ne comprendra pas.

                                  Arvers

Aspects techniques

1 Trouver les inversions en les défaisant	vers 2, 7, 12
2 Trouver les procédés	vers 2
3 Trouver la figure de style	vers 7
4 Trouver la figure de style	vers 11
5 Trouver les marques du regret	vers 3, 5
6 Trouver le mot marquant une concession	vers 9
7 Trouver le mot marquant une restriction	vers 6
8 Trouver les mots marquant l'aspect extrême de la situation	ver 3, 4, 7, 8

Questions techniques

9 Quelles sont les deux parties du poème ?	
10 Quelle est la preuve que le locuteur est un homme ?	
11 Pourquoi le locuteur reste-t-il inaperçu ?	vers 3, 5
12 Quel type d'amour est décrit ici ? (2 caractéristiques)	vers 2, 3
13 Quelle est la qualité de cet amour ?	vers 2, 3, 8, 11
14 Quel est le rôle de la religion ?	vers 9, 12
15 Quel est le vocabulaire du non-dit ?	1, 3, 4, 8, 10, 11
16 Quelle est la personnalité de la femme ?	9, 10, 12, 14

Plan pour explication de texte orale
LICPEC

Le sonnet d'Arvers
approche **thématique**

Lecture

Introduction
- A écrit par Arvers au XIXᵉ siècle, appelé "Le sonnet du siècle »
  poésie lyrique, sincère, mélancolique et légèrement élégiaque
- B amour impossible
- C thèmes : l'amour du poète / la femme / la morale / le mystère du poème

Contexte Grand mystère entourant l'identité de la femme aimée par le poète

Présentation les **thèmes** abordés :
- l'amour du poète
- la femme
- la morale
- le mystère du poème

Explication

- A **l'amour du poète** : le coup de foudre mis en évidence par l'inversion du v. 2
  - l'amoureux transi : v. 3 et triste : "hélas" v. 5, et v. 8.
  - amour éternel du poète représenté par l'enjambement du v. 10
  - amour discret représenté par l'allitération (lettre **m**) du vers 11
  - amour résigné : euphémisme v. 7 et aussi inversion au même vers
  Mini-conclusion : amour passionné mais non-avoué : v. 6 et 8

- B caractéristiques de la **femme** :
  - anonymat préservé - douceur, tendresse v.9 - fidélité : v. 12
  - rigueur morale mise en relief par l'inversion du v. 12
  Mini-conclusion : femme fidèle, pure et candide (v. 14) mais aveugle

- C la **morale** :
  - devoir moral aveugle la femme qui ne voit pas l'amour du poète
  - allusion possible à la religion : v. 12 « pieusement » reprise du v. 9
  - allusion à un lien pesant mais infrangible : v. 12 « austère devoir »
  - mystère
  Mini-conclusion : force morale triomphe de l'amour chez la femme

- D **le mystère du poème**
  En fait plusieurs non-dits :
  - Anonymat de la femme aiguise la curiosité
  - manque de détails sur le fait qu'elle lit ces vers et qu'elle ne comprend pas
  - ignorance du type de devoir moral : mariage / lien religieux / virginité
  - méconnaissance de la raison de la retenue du poète
  - ambiguïté de la présence constante « à ses côtés » v. 6 et du fait que la femme ne se reconnaît pas dans les vers qu'elle lit
  Mini-conclusion : ces non-dits font de ce poème le chef d'œuvre qu'il est

Conclusion
- A Mystère du début du poème est amplifié à mesure que le poème se déroule
- B Le mystère de ce poème en fait aussi son charme
- C Il provoque aussi le désir de connaître la manière dont cette idylle a évolué

K   L'EXPOSÉ ORAL

LE PLAN

Schéma de plan pour exposé oral

I INTRODUCTION : 3 parties

    A. annoncer le thème du sujet
    B. annoncer l'idée générale
    C. présentation des différents thèmes

II DÉVELOPPEMENT

thèmes	sous-thèmes	exemples / circonstances / détails
A. 1er thème	**1.** 1er sous-thème	**a.** 1er exemple
		b. 2e exemple
	2. 2e sous-thème	**a.** 1er exemple
		b. 2e exemple
mini-conclusion		
B. 2e thème	**1.** 1e sous-thème	**a.** 1er exemple
	2. 2e sous-thème	**a.** 1er exemple
		b. 2e exemple
		c. 3e exemple
mini-conclusion		
C. 3e thème	**1.** 1er sous-thème	**a.** 1er exemple
		b. 2e exemple
mini-conclusion		

III CONCLUSION : 2 parties

    A. synthèse : conséquence du développement
    B. élargissement pour sortir du sujet

Plan **sommaire** d'exposé oral

Mon lycée

I Introduction

    A Mon lycée est une école secondaire qui se trouve dans le canton de Vaud en Suisse
    B Il a une bonne réputation
    C thèmes prouvant cette réputation : infrastructure / programmes / enseignement

II Développement

    A Infrastructure du site
        extérieur :
            cadre magnifique
            installations sportives
            place centrale : fontaine
            aspect des bâtiments
        intérieur :
            arrangement de l'espace
            salles de classe
            bibliothèque
        mini-conclusion : endroit idéal pour étudier

    B Programmes
        maturité
            durée
            nombre d'élèves
            choix des cours
            débouchés
        diplôme
            durée des études
            nombre d'élèves
            choix des cours
            débouchés
        mini-conclusion : programmes variés et de qualité

    C Enseignement et enseignants
        qualification des enseignants :
            titre universitaire
            certificat pédagogique
        enseignements spécialisés :
            choix large d'options
            cours spéciaux
            cours facultatifs
        mini-conclusion : bon enseignement et niveau académique solide

III Conclusion

    A mon lycée : un endroit agréable et motivant
    B bonne formation acquise permet de continuer des études supérieures

Plan **détaillé** d'exposé oral
Mon lycée

I   **Introduction**

       A   mon école : le Gymnase de Burier, école secondaire dans le Canton de Vaud, en Suisse
       B   il a une bonne réputation
       C   thèmes prouvant cette réputation : infrastructure / programmes / enseignement

II   **Développement**

       A Infrastructure du site

               1 extérieur :   a cadre magnifique :   montagnes .. lac pelouses … arbres
                               b installations sportives :   terrain de sports
                               c place centrale :   fontaine : point de ralliement / bruit de l'eau
                               d aspect des bâtiments :   couleur grise, un peu froide

               2 intérieur :   a arrangement de l'espace :   locaux spacieux et lumineux
                               b salle de classe :   modernes et fonctionnelles
                               c bibliothèque :   bien fournie
               mini-conclusion : endroit idéal pour étudier

       B Programmes

               maturité :   a durée totale : x années   nom du diplôme : …voie générale
                               b nombre d'élèves   total : %
                               c choix des cours   obligatoires : … à choix : …
                               d débouchés   formations universitaires / professions

               diplôme :   a durée totale : …   nom du diplôme : …
                               b nombre d'élèves   total : %
                               c choix des cours   obligatoires : … à choix : …
                               d débouchés   formations spécialisées / professions
               mini-conclusion : programmes variés et de qualité

       C Enseignement et enseignants

                    qualification des enseignants :
                                         titre universitaire reconnu : …
                                         certificat pédagogique obligatoire : …

                    enseignements spécialisés :
                                         choix large d'options : …
                                         cours spéciaux : …
                                         cours facultatifs : …
               mini-conclusion : bon enseignement et niveau académiques solide

III   **Conclusion**

       A mon lycée : un endroit agréable et motivant
       B bonne formation acquise permet à la majorité de continuer des études supérieures

Plan classique d'exposé oral

(voir page 82 pour la composition écrite sur le même sujet avec le même plan)

Mes dernières vacances d'été

I INTRODUCTION

    A mes dernières vacances d'été à Biarritz
    B je me suis bien amusé
    C les 3 **thèmes** majeurs :
        1 le charme du Pays basque
        2 les gens
        3 Sylvie

II DÉVELOPPEMENT

    I le charme du Pays basque
        1 climat tempéré
            a beau temps durant séjour
            b chaud mais pas trop

        2 cuisine
            a gasconne
            b espagnole
            c basque

        mini-conclusion : j'ai préféré : poulet et gâteau basque

    II les gens
        1 amis de Biarritz

        2 étrangers surfeurs
            a Américains
            b Brésiliens
            c Néo-zélandais

    mini-conclusion : le surf est la raison pour venir ici

    III Sylvie
        a coup de foudre
        b séparation difficile

    mini-conclusion : la grande rencontre

III CONCLUSION

    A mon désir : revenir à Biarritz l'été prochain
    B Vive le Pays basque !

Plan dialectique d'exposé oral

Avantages et inconvénients de la restauration rapide

Introduction

Développement

A Impact sur le consommateur

    I Avantages
- standardisation :   - infrastructure : environnement familier, rassurant
  - nourriture : côté pratique
- service informel :   - pas d'assiette / pas de couvert / pas de serveur
  - pas de consommation obligatoire
- ambiance familiale :   - enfants : prise en charge : menu spécial / jouet / jeux
  - parents : décharge : tranquillité / sécurité
- accessibilité :   - nombreux points de vente stratégiques
- rapidité :   - Mc Drive / préparation rapide / service au comptoir
- prix :   - très bas (pour plats chauds comme froids)

    II Inconvénients
- standardisation :   - infrastructure : monotonie et platitude du décor
  - nourriture : manque de choix
- service minimum :   - pas de service à table
- famille :   - pression psychologique des enfants sur les parents
- nourriture :   - trop sucrée, trop grasse / agents conservateurs
- santé :   - danger d'obésité / de diabète

B Impact sur l'économie

    I Avantages
- côté pratique :   - pour les employés de bureau à midi : rapidité / proximité
- création d'emplois :   - petits boulots pour jeunes et étudiants
- offre :   - gamme très large de restaurants

    II Inconvénients
- conditions d'emploi :   - salaires bas / pression psychologique pour le rendement
  - chaleur / odeur / horaires difficiles / heures de pointe
- écologie :   - pollution par le plastique
- concurrence :   - difficulté pour les restaurants locaux traditionnels
- nourriture :   - abaissement général de la variété et de la qualité

Conclusion

Le ton du texte

Dans un bon exposé oral, **le ton est donné par la voix.**

Le ton d'un texte met en évidence les émotions de celui-ci en le disant avec conviction et émotion. Il faut donc se glisser dans la peau du personnage ou de l'écrivain en disant le texte.

Choisir une phrase ci-dessous et la lire ou la déclamer avec un des tons proposés plus bas.

	Phrase à dire ou à déclamer	ton
1	Et alors	7 15 58
2	S'il vous plaît	16
3	Encore 5 minutes	2 60
4	Allô	28
5	Je t'avais pourtant prévenu	87
6	Qu'est ce que tu viens de dire ?	3 7 13 14
7	Les adultes sont bizarres	58 58
8	Elle est belle votre planète	1 46 47
9	Etre ou ne pas être, c'est là la question	7 92
10	Il sort avec elle	12 81 90
11	Je pense tout le temps à la mort	7 69
12	tu es en retard, comme d'habitude	37 38
13	J'en ai ras le bol	10
14	Je t'aime	78
15	Ceci ne te concerne pas	42
16	Comment ? Il a fait cela ?	81
17	Ça t'apprendra !	14

tons							
1	admiratif	26	dubitatif	51	las	76	rêveur
2	agacé	27	embarrassé	52	méchant	77	rieur
3	agressif	28	endormi	53	mélancolique	78	romantique
4	alarmé	29	énergique	54	menaçant	79	sadique
5	allègre	30	enjoué	55	méprisant	80	sarcastique
6	amoureux	31	ennuyé	56	modéré	81	scandalisé
7	angoissé	32	envieux	57	monotone	82	sérieux
8	autoritaire	33	espiègle	58	moqueur	83	snob
9	bégayeur	34	étonné	59	morne	84	soucieux
10	blasé	35	exalté	60	mystérieux	85	soupçonneux
11	burlesque	36	excité	61	naïf	86	spirituel
12	catastrophé	37	fataliste	62	nerveux	87	supérieur
13	choqué	38	fatigué	63	nostalgique	88	suppliant
14	cinglant	39	geignard	64	offensé	89	sûr
15	coléreux	40	gouailleur	65	oppressif	90	surpris
16	condescendant	41	grotesque	66	optimiste	91	timide
17	confidentiel	42	hautain	67	orgueilleux	92	tragique
18	curieux	43	humoristique	68	perplexe	93	triste
19	cynique	44	hypocrite	69	pessimiste	94	tyrannique
20	dédaigneux	45	inquiet	70	peureux	95	victorieux
21	défaitiste	46	interrogateur	71	pressé	96	vif
22	dérisoire	47	ironique	72	railleur	97	violent
23	distant	48	jaloux	73	revendicateur	98	amène
24	doctoral	49	je-m'en-foutiste	74	repu	99	empressé
25	dominateur	50	joyeux	75	résigné	100	plaintif

Le ton du texte
Le tragique

Formes de tragique

Le tragique, ce qui provoque ou exprime l'angoisse, est un des tons les plus courants en littérature. Il faut donc bien le connaître pour le reproduire fidèlement.

1 TRAGIQUE ÉMOUVANT

> émouvant : qui émeut, fait naître une émotion forte (compassion, admiration)

attendrissant, bouleversant, empoignant, frappant, poignant, saisissant, touchant, troublant.

TRAGI-COMIQUE	qui est à la fois comique et tragique
	qui tient de la tragi-comédie, sorte de tragédie à fin heureuse
SENTIMENTAL	adj. et n. qui a une sensibilité romanesque souvent excessive
SENTIMENTALITÉ	1 caractère, inclination, attitude d'une personne sentimentale
	2 caractère de ce qui est sentimental.
PATHÉTIQUE adj.	qui touche profondément
	douloureux ou dramatique ; qui est propre à émouvoir fortement

2 TRAGIQUE MÉLODRAMATIQUE

> Mélodramatique : qui évoque le mélodrame par son exagération du ton, des sentiments

APITOYANT	qui touche, attendrit, émeut de pitié
LARMOYANT	qui cherche à attendrir. Ex. ton larmoyant
SENTIMENTAL	qui se laisse guider par une sensibilité exacerbée

3 TRAGIQUE DRAMATIQUE

> Dramatique : qui comporte un grave danger ; qui émeut vivement. Ex. situation dramatique

Affolant, alarmant, déchirant, effarant, effarouchant, inquiétant, poignant, sinistre, terrifiant

ANGOISSE	Anxiété accompagnée de troubles physiques respiratoires, de palpitations, etc.
ATTERRANT	qui jette dans la consternation, l'abattement, l'accablement
EFFROI	grande frayeur, souvent mêlée d'horreur, qui glace, qui saisit (adj. <u>effarant</u>)
ÉPOUVANTE	peur violente et soudaine causée par qqch d'extraordinaire, de menaçant
HORREUR	impression violente causée par la vue ou la pensée d'une chose affreuse
TERREUR	Peur violente qui paralyse ; effroi ; frayeur. Ex. être muet de terreur

Le ton du texte
Le comique

Formes du comique

> COMIQUE, <u>adjectifs synonymes:</u> abracadabrant, amusant, bizarre, bouffon, burlesque, caricatural, cocasse, courtelinesque, désopilant, drôle, facétieux, falot, gai, grotesque, hilarant, inénarrable, loufoque, plaisant, ridicule, risible, saugrenu, ubuesque, vaudevillesque.

I COMIQUE GROSSIER

A FARCE — Petite pièce comique populaire avec jeux de scène et comique grossier, voire vulgaire
<u>Caractéristiques</u>: personnages exagérés et caricaturés et situations improbables, extrêmes, violence physique, jeux de mains. Comique visuel et auditif

B GROTESQUE — Le (genre) grotesque, qui est risible par son apparence bizarre, caricaturale, extravagante

C BURLESQUE — s. Caractère d'une chose absurde et ridicule
adj. D'un comique extravagant et déroutant

GOUAILLERIE — Action de railler sans délicatesse, avec vulgarité et insolence

II COMIQUE MÉCHANT

A SATIRE — Écrit ou discours qui s'attaque à qqn ou qqch en s'en moquant
<u>Caractéristiques</u> : utilise le rire. <u>Formes:</u> épigramme, pamphlet, satire, fable

B DÉRISION — Mépris qui incite à rire, à se moquer

C MOQUERIE — Action de tourner en ridicule, de traiter qqn comme un objet de dérision

D RAILLERIE — Action de tourner qqn en ridicule par des moqueries et plaisanteries

E RISÉE — Moquerie collective envers une personne

III COMIQUE MÉCHANT AVEC IRONIE

A IRONIE — Manière de se moquer en disant le contraire de ce qu'on veut entendre
Ironique = caustique, gouailleur, narquois, persifleur, railleur, sarcastique, voltairien

B PERSIFLAGE — Action de tourner qqn en ridicule en employant un ton de plaisanterie ironique

C SARCASME — Action de tourner qqn en ridicule par des moqueries ironiques et insultantes
Ironie mordante. Utilisation de louange apparente pour mieux discréditer qqn
Ex. voici le Einstein de la classe! (en parlant du cancre)

IV COMIQUE RAFFINÉ

A HUMOUR — Le mot humour est un synonyme très général du comique le plus raffiné
Forme d'esprit qui consiste à présenter la réalité en en dégageant les aspects plaisants
<u>Caractéristiques</u> : Ne se trouve pas dans une forme spécifique
Forme verbale, mais aussi visuelle, gestuelle, etc.

B ESPRIT — Vivacité piquante de l'esprit ; ingéniosité dans la façon de concevoir, d'exposer qqch.
voir <u>finesse, malice, humour</u>. Trait, mot d'esprit, voir: <u>boutade, calembour, pointe</u>

Table des matières

Introduction	5	
A LES OUTILS	7	
Les outils	8	*
Les surligneurs	9	*
Les couleurs	10	*
Le plan	11-12	*
B COMMENT …	13	
Comment coder un texte par les couleurs à la 1e lecture	14	*
Comment coder un texte par les couleurs sur 2 lectures	15	*
Comment écrire une lettre : erreur dans le bulletin	16	
Comment écrire une lettre : réservation de restaurant	17	
Comment étudier les figures de style avec exemples	18-19	
Comment faire une introduction orale et écrite	20	
Comment faire une recherche grammaticale par le code de couleurs	21	*
Comment faire une recherche temporelle par le code de couleurs	22	*
Comment lire les chiffres	23	*
Comment lire un paragraphe	24	*
Comment lire un roman (ou un texte)	25	
Comment mémoriser la conjugaison française	26	*
Comment mémoriser un vocabulaire : du français vers l'anglais	27	*
Comment mémoriser un vocabulaire : de l'anglais vers le français	28	*
Comment présenter un livre oralement : théorie	29	
Comment présenter un livre oralement : exemple de *Boule de Suif*	30	
Comment présenter une biographie écrite en quatre phrases – théorie	31	
Comment présenter une biographie écrite en quatre phrases – exemple	32	
Comment présenter une double biographie oralement	33	
Comment préparer une biographie pour l'oral	34	
Comment répondre à une question à l'oral	35	
Comment résumer un livre : *Boule de Suif* de Maupassant	36-37	
Comment résumer un livre ou un texte : théorie	38	
Comment structurer un texte par les transitions	39	*
Comment trouver des idées dans un texte : théorie	40	
Comment trouver des idées sur un thème littéraire	41	
Comment utiliser l'espace de la page : théorie	42	*
Comment utiliser l'espace de la page : exemple	43	*
Comment utiliser le code de correction	44	*
C LE VOCABULAIRE	45	
Expansion de vocabulaire par thème	47	
Expansion de vocabulaire par suffixes	48-49	
Procédés mnémotechniques	50-51	*
Famille étymologique	52	
Faux-amis : anglais - français	53	*

Faux-amis : allemand - français / espagnol - français	54	*

L'ÉCRIT 55

D LA DICTÉE 57

La dictée	58	*
Accords	59	*
Accents	60	*
Fautes d'accord : exercice	61	*
Fautes d'accord : correction	62	*
Relecture de dictée : méthode de correction	63-64	*

E LA RÉDACTION 65

Qu'est ce qu'une rédaction ?	66	*
La description : notion de fréquence	67	*
Le résumé de livre : *le Petit Prince*	68	*
La classification : les choses que je déteste dans mon école	69	*
L'inventaire : les raisons de la violence dans la société occidentale	70	*
Le récit : un week-end à Paris	71	*
L'opinion personnelle : Que pensez-vous des examens ?	72	*
L'opinion personnelle : Que pensez-vous de la solitude ? (sujet abstrait)	73	*
La déduction : les causes de la défaite de Waterloo	74	
L'induction : les causes de la défaite de Waterloo	75	

F LA COMPOSITION 77

Qu'est-ce qu'une composition ?	78
La structure et le plan	79
Schéma de la structure d'une composition	80
Conseils pour écrire une composition	81
Structure de composition : mes dernières vacances d'été	82
Catégories de plan de composition	83
Plan chronologique : modèles de plan	84
Plan chronologique : *le Petit Prince*	85
Plan inventaire : modèles de plan	86
Plan inventaire : les différentes philosophies de la vie	87
Plan par inférence : modèles de plan	88
Plan déductif : les causes de la pollution	89
Plan déductif : schéma de plan suivi du plan	90
Plan inductif : l'histoire de ma vie récente	91
Plan comparatif : modèles de plan	92
Plan comparatif binaire : le football et le rugby	93-94
Plan comparatif séquentiel : le football et la rugby	95-96
Plan dialectique : modèles de plan	97
Plan dialectique binaire : avantages et inconvénients des examens	98

Plan dialectique alterné : avantages et inconvénients des examens   99

G LA DISSERTATION   101
- Qu'est-ce qu'une dissertation ?   102
- Dissertation générale : « la discipline est la clé de la liberté »   103
- Dissertation générale : « on ne naît pas femme, on le devient »   104
- Dissertation générale : « un seul être vous manque et tout est dépeuplé »   105
- Dissertation littéraire : l'amour dans *La Symphonie pastorale* d'A. Gide   106
- Intégrer une citation   107
- Écrire une introduction   108-109
- Écrire une conclusion   110-111
- Écrire une transition   112-113
- Écrire un paragraphe   114
- Les critères du texte écrit   115
- Travailler son style   116

H L'EXPLICATION DE TEXTE ÉCRITE   117
- *Le Cygne* : poème de Sully Prudhomme   118
- *Le Cygne* : deux types de plan   119
- *Il pleure dans mon cœur, ...* : poème de Verlaine   120
- *Il pleure dans mon cœur ...* : explication de texte écrite   121
- *Le Sommeil du Condor* : poème de Leconte de Lisle   122
- *Le Sommeil du Condor* : explication de texte écrite   123
- *Demain dès l'aube...* : poème de Victor Hugo   124
- *Demain dès l'aube...* : explication de texte écrite   125
- Cinq aspects majeurs pour l'explication de poème   126

L'ORAL   127

I PARLER EN PUBLIC : méthode du fil rouge   129
- explication de la méthode du fil rouge   130 *
- Moi I : étapes 1,2,3   131 *
- Moi II : étape 4   132 *
- Moi III : étape 5   133 *
- Mon pays I : étapes 1,2,3   134 *
- Mon pays II : étape 4   135 *
- Mon pays III : étape 5   136 *

J L'EXPLICATION DE TEXTE ORALE – le plan LICPEC   137
- **Schéma** de plan pour explication orale de texte   138
- **Plan** pour explication de texte orale   139
- *Boule de Suif* de Maupassant : incipit   140
- Plan pour explication de texte orale : incipit de *Boule de Suif* de Maupassant   141
- Approches linéaire (par parties) et thématique   142
- Plan pour explication de texte orale : *Demain dès l'aube ...* de V, Hugo   143
- Le sonnet d'Arvers : texte du poème   144
- Plan pour explication de texte orale : Le sonnet d'Arvers   145

K L'EXPOSÉ ORAL : LE PLAN	147
Schéma de plan pour exposé oral	148
Plan **sommaire** d'exposé oral : mon lycée	149
Plan **détaillé** d'exposé oral : mon lycée	150
Plan classique d'exposé oral : mes dernières vacances d'été	151
Plan dialectique : avantages et inconvénients de la restauration rapide	152
Le ton du texte	153
Le ton du texte : le tragique	154
Le ton du texte : le comique	155
Table des matières	157-160

* Les pages marquées d'un astérisque sont la base du système et s'adressent surtout aux élèves de 12 à 15 ans. La maîtrise de ces pages permet d'acquérir une solide structuration mentale qui servira pour finir l'étude de ce livre et pour l'ensemble de la scolarité.